藏大家小书学

拉萨旧事

柳陞祺 著

中国藏学出版社

柳陞祺（1908—2003） 浙江兰溪县人。著名藏学家。1925年受反帝爱国思想影响，考入光华大学，就读于英国文学系本科。毕业后进入国民政府财政部所属盐务管理局任英文助理秘书。抗战时期转赴后方，1940年到光华大学成都分校执教英文，晋升为副教授。1944年进藏，任蒙藏委员会驻藏办事处英文秘书。1949年中华人民共和国成立前夕，辞职离藏赴印，受聘于印度国际大学中国学院任名誉研究员，研究藏学。1952年底离任返国，在中央民族学院研究部继续从事藏学研究，1958年转至中国科学院哲学社会科学部民族研究所工作。

1953年，由他执笔（与沈宗濂合作）用英文撰写的《西藏与西藏人》一书在美国出版。这是第一部中国人用英文向世界介绍西藏历史、社会、风俗的著作，常为西方学者所参考引用。

1957年与王静如先生合作编写出我国第一部用全新观点撰写的藏族历史讲稿《西藏历史概要》。随后，与王辅仁先生和常凤玄先生合作编写出内容更丰富的《西藏简史》。1963年至1964年先后撰写了《西藏喇嘛教的寺院和僧侣组织》和《西藏喇嘛教与国外关系述略》等诸多文稿。他在藏学研究中始终贯彻着维护祖国统一、领土完整的爱国理念，思想深邃，治学严谨，发表了一系列如《1929年版〈艾奇逊条约集〉第14卷何以有两种不同版本》等振聋发聩的论文。柳陞祺先生一生淡泊名利，辛勤耕耘，默默奉献，培养了一代藏学家，为我国藏学事业的发展作出了贡献，受到人们的崇敬。

目 录

往事记忆 …………………………………… (1)
瞻拜九世班禅 …………………………… (1)
我进藏的第一课 ………………………… (6)
关于蒙藏委员会驻拉萨办事处 ………………… (16)
热振事件见闻记 ………………………… (33)
学习藏族史 ……………………………… (62)
当年在拉萨的几个外国人（访问纪要） …… (64)
邢肃芝君与《雪域求法记》 ……………… (67)
向昨天告别
记1949年我离开西藏的经过 ………… (71)
"商上" ………………………………… (83)

一组手稿 …………………………………… (91)
马吝——第一个到拉萨的英国人 ………… (91)
关于古格反耶稣会斗争的材料 …………… (109)
关于东印度公司派波格尔入藏之行 ……… (116)
所谓"西藏独立"及西藏的"宗主权" …… (117)
老沙皇侵略我国西藏的罪行是掩盖不住的 … (124)
关于西藏交通史的参考书目 ……………… (127)
西藏喇嘛教与国外关系概述 ……………… (130)

乔治·波格尔入藏的使命内容及其执行结果 ……（163）

1929 年版《艾奇逊条约集》第十四卷何以有两种不同版本？

兼评西姆拉会议（1913—1914） ……………（180）

往事记忆

瞻拜九世班禅

记得第十辈班禅额尔德尼·确吉坚赞生前讲过这样的话：历辈班禅从来是爱国的。这使我回忆到一件往事，虽事隔多年，而记忆犹新。

这是1925年我在杭州一所旧制中学读书时，一天意外见到了第九辈班禅额尔德尼·曲吉尼玛的一段经过。确切日期想不起了，但据手边牙含章编著的《班禅额尔德尼传》，应该是1925年4月间事。

这年春天，杭州传开了第九辈班禅大师将来西湖讲经说法的消息，班禅大师的肖像开始在全城各照相馆玻璃橱窗内陈列，吸引了不少观众，各种报纸不断登载有关大师的简单事迹和最近行踪的报道，赞扬他是一位爱国的藏传佛教领袖，这使大家怀着十分殷切的心情期待着这位活佛的到来。

当时浙江省的实际统治者是直系军阀孙传芳。在我记忆中，他除这年充当供养大师的施主之外，别无政绩可言，尤其他在这次接待大师时筹备的周密和礼节的隆重，给我留下了相当深刻的印象。

那天早晨，天气晴朗，我们几个同学到学校后就商议如何去车站看看这位大师到达时的欢迎仪式，并希望能看一眼这位大师的真容。据报载，大师一行将乘从北京经上海到杭州的专车到来，但是这天既非星期天，到达时间又是在上午，大家有课。商量结果是只剩下包括我在内的三个同学决定以不告而别的方式到城站（当时杭州火车站名）去试试。

当时，我们对西藏的情况知道得很少，只是深感民国以来，军阀战乱，外侮频仍，西藏是国家西部边疆，正暴露在英国势力之前，处境可危。班禅大师是远在后藏的佛教宗师，这次冒着生命危险来到内地，是大家一致公认的爱国行为，唤起了全国的同情和敬意。现在这位大师又来到我们家乡，我们极想见他一面，决不能错过这样一次难得的机会。

因为我们出发时间已经不早，一路听说去城站的大路已经不让通行，必须绕小道走，即使到了那里怕亦不容闲人靠近，不如直接去西湖湖滨新市场，那里的马路宽阔，机会倒会好些。

不想情况竟如此困难。我们立刻改抄近路往一条从车站到西湖像是名为延龄路的大马路。到时，两边人行道上已挤满了人，马路上禁绝车辆行人往来，路面新铺一层黄沙，有警察巡逻，维持秩序，好像班禅大师的行列马上就要到来的样子。

果然不久，有一队队背枪的骑兵马队沿着马路两边清道，再隔一阵又来了更多的骑兵队伍簇拥着大群骑马的官员，正中有一辆全部车身用杏黄绸包扎的马车款款而来。这时候除听到杂沓的马蹄声，人群的低语声，马路上变得一片肃静。当我们还来不及看清马车内的情况时，整个队行已经过去了。我只记得我们站的地点，马路对面是当时最有名的饭店聚丰园，旁边是一家高级浴室，这是杭州一个比较热闹的地段。当车马过时，那种安静和严肃的气氛，像纯粹出于群众自发，是我在杭州从未经历过的。

听大家说，上午班禅大师要在灵隐寺主持一个法会，其余活动不太清楚，我们决定先赶到灵隐。

我们是从湖滨搭船赶到孤山一带的，登岸后遇上几批中途折回的路人，带给我们一个十分扫兴的消息，说是参加灵隐寺法会的人数太多，像我们这样不属于任何佛教团体的人根本就进不去。又听到几批路人在议论，班禅大师讲经完毕，去市内的一个“来音小筑”休息。这来音小筑我们知道，并且在我们回市内必经之路上，于是我们三人就决定到那里一试。

西湖是我们常去游玩的地方，从市区步行去西湖宝俶塔、葛岭山庄或白堤一带，必先经过一条十分狭窄的马路到达断桥，这才豁然开朗，看到整个西湖就呈现在面前。这段马路之所以狭窄，是因为临湖的一边被一些有钱人买下了修筑别墅，其中就有一处叫来音小筑。它占地不广，门面不大，只是构筑得比较玲珑精致，门楣上有“来音小筑”四字，因常年关闭，未见主人。那里一直是我们好奇的对象，所以我们很快就找到了那里。

奇怪的是：我们虽看到门前已人来人往，却没有什么军、警、宪之流的把门，我们进门时，也没有受到任何阻拦。等进入院内，才看到杭州称作“天井”的地方已挤满了善男信女，有的坐在地上，有的像是刚到未久，还在向正屋进行跪拜。正屋的玻璃窗关着，看不清屋内情况，只有正中的门敞开，不时有人出来向院内传话，亦听不清他说些什么。显然班禅大师就在屋内，可是要到屋内去见他一面想来是不可能的了。

在失望中，我们看到有两个中年人在人群中不断来往，像办事职员的模样。我们凑上去向他们说明来意，请求他们能否帮我们实现我们的愿望。其中一位热心人劝我们不妨等一等。

这样，我们又等了一段时间。等到院子里参拜的人陆续散去，那位热心人突然招呼我们跟他从一个旁门进入后院。这里是一个临湖的幽静花园，里面有一幢二层的小洋楼，这才是班禅大师的临时住处，大师已经在楼下休息了。

但等我们来到楼前，立即有人出来告诉我们，大师一路劳顿，到杭州后还没有得到一点休息，现在应让大师安静一会，奉劝大家还是回家罢。我们感到又一次失望，但因为看到那位热心人还在和几个办事员低声商谈什么，好像希望尚未断绝似的，我们就公推他为我们的代表负责商谈，我们一定同他共进退，看是否能有转圜的余地。

不久，又传出大师将进午餐的消息，据说午餐之后大师需要休息，因为下午还有其他安排。同时从屋内出来几个穿藏装的藏族随员和译员一起过来，也劝我们还是回去。但我们那位代表还是一再向他们说明我们想见大师一面的诚意，别无他想，并保证只要见上一面，立刻就走。

回忆起来，这真是一次十分仓促的临时安排。那间屋子是一个普普通通的会客室，里面既没有一项可用作举行瞻拜一位大活佛时的设备，我们这群“乌合之众”对瞻拜时应如何行礼的起码要求也一无所知。这时有人问我们都带了哈达没有？我们还不知道这是指什么东西。我们真是两手空空，一无所有，让几个执事看着我们好笑。

经我们那位能干的代表同他们一阵磋商，他们发给我们每人一条洁白的哈达，并教给我们行礼时的几个要点，然后叫我们排队站着等候。不久，班禅大师带着几个随从下楼来了。看来他已是中年模样，身材不高，微胖，穿一身黄缎的长袍马褂，有一张方形但略带圆的脸，他微微笑看着我们。于是我们按预先告诉我们的规矩，由我们那位代表率领，排队缓步走到大师面前，低头，用双手献上哈达，大师接过后，用一根大约半米长、中间打了一个小结的红绸带披在我们脖子上。如此第一个完毕，第二个接上，前后不到几分钟时间全部完毕。我们退到外面花园里时都非常高兴，因为我们终于实现了我们一个共同的心愿。

回想起来，这已是半个多世纪以前的事了，但许多细节我还记得相当清楚。那条班禅大师披在我们脖子上的红绸带，我后来知道藏语称作“松度”，是佛爷祈祷和诵经时一面打结，一面为信徒祝福用以佩带护身的灵物。事后，我把这条松度送给一位信佛的亲戚，长期披挂在一幅第九辈班禅的相片的镜框上。

没有想到二十年后的1944年，我去了西藏，住了五年，但就是没有机会去一次日喀则。直到最近，我从报刊、电视等新闻媒介上知道第十辈班禅额尔德尼的灵塔已经落成，并经开光，寻觅灵童的事也在进行之中，遥想扎什伦布寺一定会有一番祥和与兴盛的新气象了。追思往事，特草此文，以志庆祝，并表达个人不胜欣喜的心情。

我进藏的第一课

1944年，因为一次偶然的机会，我进了西藏，这对我来说是生活上的一件大事。

在这之前，我对西藏除了一点最普通的常识外，可说一无所知。但我也像很多人一样，早已形成一套想法，就是西藏是我国神秘之乡，是一个非常不容易到的地方，如遇机会，就不应错过。

由于几个后期同学的推荐，当时正准备去西藏任蒙藏委员会驻藏办事处处长的沈宗濂写信来邀我同行，担任英文秘书。沈宗濂在我毕业的大学教过书，可以说是我的老师辈，然而我们并不认识。根据几个同学的介绍，说他平易近人，容易相处。他知道我不懂西藏问题，并不要求我在这方面具备多少知识。同时，我在成都教书的一个学校正要改组，我也有意改行，变换一下环境，所以就欣然接受，摒挡就道了。

然而，即使以我当时的无知，也未始不知道西藏地方是涉及我国同英国、印度的一个不太简单的问题。沈宗濂去西藏有什么计划，我不知道，但我倒有一点个人打算，我想到这个一般人去不了的地方，生活一段时间，而后写出点东西来，最好是一本书，岂非一举两得？我设想的这本书也是一种新闻报道之类的读物。这是我当时的最高理想，根本没有考虑到应该把西藏作为自己深入研究的一个方向。不过对“西藏问题”的解决，我倒确乎有点天真的想法。那年，我国的抗日战争已进入第七个年头。大家的看法是，日本军国主义最猖狂的日子已近尾声。而且由于它过分残酷野蛮，又树敌过多，看来不但鲸吞中国的野心难以实现，就连它本土的下场如何，也大成问题，这为我们带来了一个极为有利的国际形势。

我对蒋介石把持下的国民政府的腐败无能，不是一无所知，但从我记事以来，中国还是第一次被视为世界一强，纵然这是名实不符，但是，这样的国际地位，是我们从来不曾有过的梦想。其次，中国同英国是当时对抗德、意、日法西斯轴心的联盟国，日本侵略军正以孤注一掷、席卷南亚的雄心深入缅甸，一面切断我国滇缅公路，一面直叩阿萨姆的大门，威胁到英属印度的基地。为此，中国军队正同英军在缅甸并肩作战，抵御这一共同的敌人。这一切使我感到中英两国当时多少是处境相同、利害与共；如果西藏问题要解决的话，那么这是一个再好没有的时候了。

然而事情并不这么简单，我们这次进藏就费了一番周折。据说，因为原来的驻藏办事处同拉萨闹了意见，所以这次去人就先征求西藏地方政府的同意。而后向英属印度政府办理过境签证的手续，花了好几个月时间，不是拉萨说印度对战时过境手续控制得很严，就是新德里说拉萨地方的出产有限，不愿意让太多人去了影响物价，推来推去，使人不懂问题究竟出在哪里。而其实我们同行的，总共不过十三人，其中有三名家属。

回顾起来，这问题也不难理解。自从清末清政府驻藏官兵全部撤离西藏之后，长时期来西藏同祖国内地的政治关系是极不正常的。民国成立，军阀专权，内战不休，国家几乎没有安宁的一天，接着又是日本帝国主义的侵略，半壁河山任人践踏，人民颠沛流离，家破人亡。那时候中国共产党领导的革命力量及其光明的前景，很多人是不知道也不理解的。在这种情况下，拉萨的当权者自然要考虑考虑，对中央原来采取的那种“若即若离”的政治态度，到底是选择“即”多于“离”好呢，还是“离”多于“即”好呢？我看当时拉萨当权者的选择是两者都不取，而另取一条“不即不离”的消极路线。他们对蒋介石政府的策略是既不主动接近，也不主动离远，以不变应万变。

所以拉萨当局同国民政府之间的关系，就这么僵持着。而且自北而南中间隔着马步芳、刘文辉、龙云的地方势力。这些地方势力既同蒋介石不一条心，又同西藏当局明争暗斗，不时还发生地区性的武装冲突。当然，这里讲的是当时统治阶级相互之间的复杂关系。至于民间老百姓，我看从清末民初，西藏同内地就一直没有完全断过关系。但也有个严重问题，就是交通困难，无论是青海的西宁，或是从四川的康定、云南的阿墩子，需要骑马到拉萨，一般是三个月，而且路上安全得不到保障。

再从西藏方面来说，他们同内地的交通十分不便。但要去印度一趟，倒不过二十来天的马程，而且一到印度，那就汽车、火车、轮船、飞机样样都有，所以他们要到内地来一趟，宁愿绕道这个南大门，也不走通向内地的直线，可惜这个南大门的钥匙却被牢牢地掌握在外国人手里。事实很清楚，西藏同内地的政治关系既陷入僵局，那么它对外的通道就只剩下当时是英国殖民地的印度地方。西自阿里，东至中、印、缅碰头的三角地带，这条沿整个喜马拉雅山的边界都直接或间接地掌握在英国势力之手。其中最主要的一条大路，就是从江孜往南通大吉岭、噶伦堡和孟加拉平原的这个大门。正是这个大门，被英国人看守得最严，即使我们政府派员到自己的地方，也必须通过这个大门才进得去！

我们一行先分批从重庆乘飞机到了加尔各答，在替公家及私人购置了必要的公物、装备、日用品之后，就到噶伦堡集中。从加尔各答到噶伦堡，只需一夜火车和几小时的汽车。我对同行的人，原来一个不识，就连沈宗濂也只在重庆有过一两次简短的谈话。据我了解，除一二人对西藏有所了解之外，其余的都同我一样，要从头学起。这使我从一开始就怀疑，我们去了究竟能起个什么作用？我们到噶伦堡后需要住一段时间，等拉萨派来的向导和护送藏兵到达边境，再决定行期。所以我们就利用这个时间学习一点普通藏语并练习骑马。噶伦堡和大吉岭，你一听名字就知道自己是到了藏族文化圈的边缘了。在英印政府长期经营之下，这里已成为相当发达的两座山城，是孟加拉的避暑胜地。尤其噶伦堡是进西藏的一个起点站，这从当地的居民、市内的铺子和路上的行人都看得出来。

我们最初住在当地唯一的一家西式旅馆内，主人是欧亚混血。但我们很快感到自己并不怎么受这家主人欢迎，特别是那个当家的女儿，对我们简直怀有敌意，因为他们欢迎的是白种人，尤其是美国人。所以几天后，等我们租到一所私人的小别墅，就立刻搬了出去，自开伙食，过得蛮舒服，这使那家主人更气得不得了。既然不欢迎我们，我们走了他又生气，这到底是种什么心理，实在想不通。

沈宗濂是最后到噶伦堡的，这时距离我们进藏的日期已经不远。沈宗濂接到英国人古德爵士（Sir Basil Gould）来函，邀请他到甘托克玩一两天。这是一个重要人物，应当介绍几句。

古德是当时英印政府驻锡金首府甘托克的行政长官，也就是太上皇。大约三十年来，他一直在我国西藏以及藏印边境一带工作，所以是一名西藏通。从清末民初，驻藏大臣和文武官兵撤离西藏，到第十三世达赖喇嘛等从印度返回拉萨，这一系列重大历史事件，他都是目睹或参与其事的。现在他又是掌管这个大门钥匙的人。从甘托克入藏，经亚东、帕里到江孜，沿途所有英人的设施和办事人员都归他管。再具体说，英国根据不平等条约在这一线设置的两个所谓英国商务代理处，11 个驿站（即一天马程到达的宿处），沿路的电线、电报，凡这一切都归他管。

那次沈宗濂去甘托克，有我同行。我们是在一天下午，坐一辆小车溯梯司塔河（Teesta river）急流而上。这里幽谷深邃，风景如画，就是人烟稀少，偶然看到几处村舍，也见到几个男女蹲在房檐下和路边，默默无声地望望我们。从噶伦堡到甘托克是喜马拉雅山南麓的山脚地带，地多斜坡，林木葱郁，缺少平原。这里阴雨多，阳光少，颇似江南的气候。车行三四小时，就到了甘托克。古德招待我们住入他的官署（Residence）。名为官署，其实既没有高墙大院，也没有一个卫兵，看去像是一个普普通通的英国绅士的二层楼别墅，周围是一片雅静的园林，但这里却是锡金的政治心脏。

古德接待我们时，显得非常礼貌。他把沈宗濂让到楼上他自己卧室近旁的一间卧室，把我安置在楼下的一间卧室。不难想象，古德是想同沈宗濂私谈。因为他知道沈是蒋介石侍从室的人，希望从他那里了解一下国民政府对西藏有什么意图。

在沈宗濂之前，有蒙藏委员会委员长吴忠信于1940年入藏主持十四世达赖喇嘛坐床典礼，亦是经过这条路线的。据吴忠信告诉沈宗濂，当时他就没有同英人谈西藏问题。但沈宗濂闲谈中向我表示，似乎不必如此。他告诉我，他到新德里时就同印度政府外交部长卡罗爵士（Sir Olaf Caroe）谈了西藏问题。他说卡罗这个老头子很开明，说话挺随便。沈宗濂问他，我们一直认为中国对西藏是主权关系，而你们英国总说是宗主权关系，请问宗主权究竟是什么含义呢？卡罗爵士笑着说，你把我问倒了，让我们一起来查书。于是他亲自挪动短梯，从上层书架上取下一卷英国百科全书来，同沈宗濂两人一同研究。研究结果，卡罗向沈宗濂说，对这个词还很难下定义，宗主权的伸缩性很大，这要看中央政府对一个地方的权力贯彻到什么程度。如果全部贯彻了，那就是主权，不然，就是宗主权罢。大意如此。记得若干年后，我们在一本书内提了一句类似的话，有个英国人在他书内力加分辩说，宗主权是什么？国际法专家固然还没有个一致的看法，然而宗主权决不是主权！不知是否感到卡罗的话有什么不妥？读后不禁为之莞尔。

至于那次沈宗濂和古德谈了些什么，没有听他说起。只记得他说，这些做边疆工作的英国人，都是多年的老手，而我们却是新人，不是他们的对手，还是不随便发表意见的好。我从这里得到一个暗示，就是还是以少说为妙。

古德那时已接近退休之年，但看去精神还很健旺。我们到的第二天，他陪我们驱车去拜见了锡金王，当晚他又邀请锡金王的两位太子和两位公主来他寓所打桥牌。那是我第一次看见锡金王族的形象。锡金王父子都穿着黄缎的龙袍，看去有几分像我们京剧演员的打扮，但除了这点，几乎看不出跟我们有什么不同。这使我自然而然也对他们感到一种亲近之感。但同时，我又对甘托克感到有种低沉和抑塞的气氛，好像那里的人从上层到老百姓都有点忧郁、拘谨，人人都小心翼翼，循规蹈矩，不苟言笑似的。后来我同更多的锡金人认识了，觉得他们并不是那样的性格，而是非常爱说爱闹的。

无论是在锡金王宫，还是在官署打桥牌，都由古德调度一切。他处处给人以彬彬有礼的印象，但又同时给人一种高不可攀的严肃之感，尤其他在锡金王宫那种顾盼自若的神情，使我至今未忘。

我第二次到甘托克，是在 7 月间我们全体人员进藏的时候，当晚还承锡金王请我们去王宫晚餐，我感到席间的气氛比第一次轻松多了。次日一早我们就骑马登程，开始长途跋涉了。

我们进西藏后的第一个地方，是亚东山谷。这里两山夹峙、一水中流的地形虽和锡金许多地方相似，然而那种风雨无边、阴云满天的景象一变而为碧云蓝天、秋高气爽的滋味，叫人心境开朗，精神为之一振。

亚东山谷的地面不大，然而森林茂密，流水潺潺，是个很可爱的地方。英国人写的书上称这里为“春丕”或“春丕圹”，其实“春丕”或“春丕圹”是亚东山谷内的一个村落。当锡金政体还没有从西藏分裂出去之前，锡金王族每年都要到春丕圹来避暑。到英国强把锡金作为他们的保护国之后，很多英人还想把亚东山谷也拿去作他们避暑的地方，但是没有办到，不过他们还一直把整个亚东山谷称为春丕圹，以示不忘，用心于此可见。

我们那次是在亚东一个名为仁钦冈的村落中一所比较坚固的楼房内宿夜。这里也有一段小小的经过值得一提。

在进藏之前，听说亚东有两个住处，随我们选择。一处是英国人修的驿站，比较舒适；一处是西藏地方政府替我们准备的一座藏式楼房，传说是当年驻藏大臣住过的地方。我们决定住这所藏式楼房。根据后来的了解，驻藏大臣升泰因为办理外交失误，于1890年白白送掉了一个锡金，受到西藏人民的谴责，结果他就在这所房子里饮恨而亡。

我们到仁钦冈的当天下午，沈宗濂要我去夏斯玛村对那里英国驻亚东的商务代理作一次礼节性的拜访。我骑马溯河而上，到达夏斯玛时，看到路边两家小铺门前贴着鲜红的写得很工整的汉字春联，觉得非常新鲜。到了英国商务代理处，接待我的是一个锡金人，他就是当时的英商务代理，后来知道他还是西藏地方政府的一名四品官。我们坐定后，他的第一句话是："现在你像是回到自己老家了吧?"于是很有兴趣地望着我。老实说，这话有点出乎我的意料。我记得我回答他说是的，因为我看到了春联，但我指出春联是在新年贴在门上的吉祥话，于是就把话引向别的题目上去了。我一直不理解他为什么问我这句话，而且怀疑他是否是好意。

第二天我们经过这里，这个英国代理人还邀我们全体人员进去喝茶，而后我们继续向山路前进。有人告诉我这里是一个关卡，凡从这里经过的行人，都有人在暗中监视。这监视的人也许是一个普通居民，一个苦力，一个跑骡马帮的商人，眼线密布，暗探四伏，因为这里实际已是一个外国人的天地。

从这杂树丛生的幽谷深处，缓缓上山，几乎在不知不觉之间，两旁的森林愈来愈稀少了，后来树林渐渐变成灌木，灌木变成杂草，最后进入一片莽莽平原，纵目所及，连一枯树也找不到了，才体会到自己已越过了地理书上说的森林线。从这狭谷到高原之间，真是一条"咽喉"路径，骡马行人需要排成一字长行前进。我不懂军事，记得若干年前读一本 1904 年随英军入藏的英国记者写的书说："如果当时清政府用少数兵力把守这处天险，试问英军能那么轻而易举、不伤一兵一卒到达帕里吗?"我是深有此感。

我们这次进藏的路线，就是当年英国侵略军进兵拉萨的路线。从帕里起，我们经过曲米森格、康玛、奈宁、江孜这些大小战场，沿途的断垣残壁，还随处看得见。而最富于讽刺意味的是，从帕里起我们已不得不住英人修建的驿站。因为大路上人烟稀少，找不到宿处，有时几十里看不到一个村落，即使偶然遇上几户人家，也容纳不下我们这么多人，所以不得不住进洋人的住所，说来我们是在自己的国土上旅行！

到了江孜，还是由我先去访问了那里的英国商务代理，记得是一个年轻的英国上尉和一个英国医生接待我。这个商务代理处给我的印象是一个军营，据说是英国人仿照印度西北边境的堡垒建筑的军营，当然它亦是英国势力直指拉萨的前进基地。

第二天，这个英国商务代理处请我们全体人员去参加茶会。假如我记得不错，无论是在亚东或江孜的英国商务代理都没有正式答拜我们，这是英人有意在最讲究迎送礼节的西藏人面前压低沈宗濂的地位。英国殖民主义者有一套作风，地位高的官员往往显得温文尔雅一些，地位低的反倒盛气凌人。这是因为终身做边境工作的殖民者，习惯于采用欺骗与高压相结合的手段之缘故。

从江孜到拉萨，才像进入真正我国西藏的地方。对我们来说，住宿条件是困难一些，而且当时的西藏地方当局也并不想开诚相见。但是即使如此，也比上述沿途的遭遇要更舒服一些。老实说，我有的是一种非常复杂和矛盾的心情。一方面，我想就沿途所见一直到后来在拉萨期间，我看到的总共不到几张英国人的脸，但他们就能够把这条路线控制得如此严实，而我们自己却是一盘散沙，毫无作为，实在有点钦佩别人的能力。但另一方面，尽管我看不出前途有什么转机，也谈不到有什么希望，然而我总相信殖民主义在东方的日子是不会长久的了。只是这种心理推动我慢慢对西藏产生更多的兴趣，觉得自己既有这么好的机会，不能像佛家谚语说的“如入宝山，空手而返”，而应当尽可能多地了解一些西藏的问题。让祖国人民对这方面多关心一点它的重要性，虽然这一点我并不能做到，但是我个人对研究西藏的动机，最初是由此产生的。

现在事隔四十来年，许多细节已记不太清，然而这段经过的事实轮廓，以及一部分当时的思想活动，是多少年来一直萦回于自己记忆之中而未尝忘怀的。这里把它记下来，以备读者参考，如有错误，请予指正。

1984 年 5 月 1 日于北京

关于蒙藏委员会驻拉萨办事处

（一）

蒙藏委员会驻藏办事处初建于 1934 年。当时达赖十三世刚圆寂，国民政府特派蒙藏委员会委员长黄慕松去西藏吊祭，恢复了自辛亥革命以来中断的中央政权和西藏地方政权的联系。此后，国民政府又在拉萨陆续增设了拉萨电台（属交通部）、拉萨小学（属教育部）、拉萨测候所（属气象局?）等机构。

西藏地方政府对国民政府这些机关是承认的。当时西藏地方当局和英帝暗中配合，严密控制，不让内地人去西藏，对汉人的控制尤其严格。但又因为西藏与祖国内地的悠久历史传统关系，无法彻底断绝往来，所以总有人偷偷进入，他们也无办法。一些国民党人员都是化装成西宁或康区的商人或朝佛的香客混入西藏的。偶尔有一两个国民政府机关的职员，也是这样混进去的，但这是比较例外的。进去之后，地方当局也就视为既成事实，不予追究。但总的说来，西藏地方当局对一些边境要道的防范是相当严密的，他们对国民政府的关系，就是这样若即若离。这是我们去西藏时的一个简单的背景。

1944 年抗日战争胜利在望，蒋介石派沈宗濂去西藏，就是想在西藏地方先安排布上一枚棋子，准备将来时机成熟时再扩大发展。国民政府和西藏地方中间，隔着青、甘、川、滇、康等省的地方军阀和不少藏族土司头人的割据势力，真是“形近势隔”。国民政府希望做到的，是趁抗日战争胜利，和英国在第二次世界大战中实力地位的衰落这样一个时机，一面对西藏僧俗上层势力密切联系，一面试探一下英国的态度，从外交上得到一些有利于谈判西藏问题的政治资本。

沈宗濂（蒙藏委员会委员兼驻藏办事处处长）去西藏之前，拉萨办事处处长孔庆宗因故和西藏地方当局发生了矛盾，闹到双方几乎不相往来。所以沈宗濂一到拉萨，就大事联络，请客送礼，专门致力于缓和双方关系。西藏上层也因为知道沈的来头较大，态度有所好转，所以整个关系略有改进。可是在双方交涉中稍一涉及实质性的问题，事情就马上办不通了。

例如当时我国沿海地区已全部沦陷，国民政府想用抗日名义在西藏勘测一条藏印公路，开辟一条后方对外的交通线，但是这个设想刚一提出，就立即遭到西藏地方政府的反对而毫无办法。

又据陈锡璋（主任秘书长，1946 年初沈宗濂离藏后为代处长）后来谈，沈宗濂去西藏时，国民政府原来打算把拉萨的电台、小学、测候所拨给他管，并想把在拉萨的国民党其他人员也交给他管，但立即遇到这些人的反对，引起国民政府内部的斗争，因而取消原议。

以上是内部的情况。

在对英帝国主义方面，沈宗濂从印度进入西藏之前，他曾去新德里和英印政府的外交部长（英人）卡罗（Sir Olaf Caroe）谈过一次话。据沈后来讲，卡罗告诉他，英国认为我国中央政府与西藏地方就是一种所谓“宗主权”关系。此后，沈宗濂又和实际主持英帝国主义侵略我国西藏地方的头目、英印政府派驻锡金的行政官（英人）古德（Sir Basil Gould）交换过意见，据说古德更露骨地表示一定要以当年非法的西姆拉会议作为谈判的根据，就是说，英帝国主义的侵略态度，丝毫未变。所以国民政府在外交方面，也没有取得任何进展。

沈宗濂从1944年秋入藏，到1946年初离开，在约一年余的时间，主要做了这样几件事：一、把办事处与西藏地方政府之间的僵局打开了，他同西藏一部分上层关系不错；二、他通过寺庙势力，停办了一个英国刚在拉萨开办起来的贵族小学，并从此关了门；三、他在1946年初回内地“述职”时，把达赖喇嘛的一个哥哥嘉乐顿珠带到内地上学去了，但因此西藏地方政府同办事处的关系就有些疏远。为此，他也不再回西藏了，但他还遥领着办事处处长的职务，在内地做官了。

据我现在的分析，驻藏办事处的主要活动，有这样几个方面：一、代表国民政府与西藏地方政府往来，起到一个承转机构的作用，并参加西藏地方的一切重要典礼，来维持这样一个传统关系；二、拉拢西藏僧俗上层，特别是对寺庙势力，加意笼络；三、管理拉萨一部分汉族居民和为数不多的汉僧事务；四、不时向国民政府反映西藏地方的情况；五、与英国（和后来的印度）、尼泊尔等国驻拉萨的机构保持关系，包括办理对印度出入境的证明文件等。

（二）

1944 年，我们跟沈宗濂一起去西藏的共 14 人，姓名职务如下：

沈宗濂（蒙藏委员会委员兼驻藏办事处处长）

陈锡璋（主任秘书长，1946 年初，沈宗濂离藏后为代处长）

（以下职务都属办事处）

赵克仁（眷属，陈锡璋妻）

陈乃文（眷属，陈锡璋女）

葛成之（医生）

宋曼春（眷属，葛成之妻）

李有义（科长）

＊＊＊（眷属，忘其名，李有义妻，到拉萨不久，以难产死）

柳陞祺（英文秘书）

李茂郁（专员）

李唐晏（专员）

钱忠信（炊事员）

钱＊＊（炊事员，忘其名）

陈长生（沈宗濂的勤务）

这14人中，除眷属4人、勤杂人员3人之外，其余7人中葛成之是专职医生，到拉萨后负责一个医务所。李唐晏是中央信托局襄理，是乘沈宗濂入藏的机会同去拉萨调查金融情况，准备开设银行的随行人员，他是马上要回内地的，不属办事处的编制。李茂郁是唯一的蒙藏委员会的职员，去后据他自称体质不适高原气候，大约两三个月后就调回重庆。所以实际剩下办事的，只沈宗濂、陈锡璋、李有义和我4人。

办事处的原有人员，本来不多，大部分跟前处长孔庆宗调回内地到蒙藏委员会任职了。留下来的只藏文秘书一人，名李国霖；通事一人，名张旺；办事员一人，名密慧。此外，有一常驻昌都的科长，名左仁极。当时，从昌都到拉萨，约需马程两个月，全用电报联系，他从来没有来过拉萨，所以我也从来没有见过此人。其余就是些勤杂人员。

这样的情况维持了将近一年，才陆续增添了四五个人手，但办事处的组织始终很不正规，分工亦不严格。

当时的拉萨和内地不通邮递，要从印度转。到康定、西宁这样的地方一次，单程就是3个月，而且不安全。办事处和重庆日常的公文联系，就唯有靠交通部设在那里的一个公开营业的拉萨无线电台，事无大小，都用电报，而且都用密码。向印度方面的国民政府总领馆等处往来电报，亦用密码。除此之外，唯有等到有可靠的便人往来时，托带文件，但这是要几个月才碰上一次的机会。

我去西藏，本不打算久住，因为抗日战争期间，找不到适合自己理想的工作，通过后期同学唐绍？（原文如此——编注）的介绍，就跟沈宗濂去了。当时的打算是一面积蓄点钱，一面搜集材料，想写点东西出来，并希望能去美国读新闻学，将来改行。

我的主要工作是负责同英、印、尼泊尔等方面的往来文件，以及应酬时候的口头翻译，实际工作不多。因为办事处人手太少，有时就自动帮他们分担一点，这样就帮着他们翻译电报了。

办事处同外地的公文往来，用的是电报，所以每天总有，多少不等。比较重要的，由沈宗濂、陈锡璋他们自己处理，交给我译的，我就照译，偶尔也帮同陈锡璋共同译过一些。我所看到和我所用过的密码，都是用普通电码本改编的密码。

总之，我这样帮同译电有半年多的时间。

因为那时候，沈宗濂刚到拉萨，回想起来我经手译的绝大部分的电报都是一般问候、道贺、报告旅途平安之类的酬应文字。记得我看到过蒋介石、陈布雷等对他旅途劳顿，表示慰问的电文，以及邻省一些军阀头头，如刘文辉、马步芳、黄正清等人的酬应性的电文（去电通知到职日期，来电表示祝贺，等等）。此外，除对蒙藏委员会之外，又与外交部、教育部、交通部、财政部以及国民政府派驻印度的高级专员公署、总领馆等都有往来。

当时，我对译电工作，根本没有重视，并认为这是一种非常机械的事情，要我译电，多少有点轻蔑我的意思。我自动帮忙是出于自愿，但后来经常要我译电，就感到厌烦了。我想，我来西藏是当英文秘书的，这样糊糊涂涂地让我译电，将来还不知叫我干什么呢。最初，我向陈锡璋提出，我不管译电，后来用书面提出意见，一次就托病不去办事处上班，以示坚决。这样，他们就不再要我译电了。到 1945 年夏，有刘毓珙、廖鲁芗等人来后，所有汉文文电都由他们两人和陈锡璋负责了。

我拒绝译电，沈宗濂并不计较，所以这是我把他看成一个比较讲理的主管的理由。

（三）

拉萨联欢社成立于 1946 年初。从 1946 年到 1947 年底，我当选为这个联欢社的总干事，整整担任了两年。

1944 年前后，日本帝国主义侵入缅甸时，有一批云南华侨从缅甸退入西藏，大部分集中在拉萨，其中年轻好动的居多。他们发起要成立一个联欢社，搞一点文体娱乐。当时一位西藏贵族，叫桑多颇章的（桑多颇章于和平解放后任西藏军区副司令员），同意代为修建房屋，到 1945 年底，这个房屋修成了。

1945 年，抗日战争胜利，这些云南华侨纷纷回缅甸去做生意了，这联欢社的事，一时陷于无人过问的状态。据说，桑多颇章就在背后埋怨："你们汉人做事，就是五分钟热度，我把房子修起来了，你们又不干了……"这话传到几个留在拉萨的云南商人的耳里，他们就在办事处召开了一次大会。大家认为这样虎头蛇尾，给地方上的印象不好，决定把联欢社办起来，要争一口气。我亦参加了这次大会。当场推选了云南商人李和仁、马义材等为董事，我是总干事。另有几名干事，现在想得起来的，有体育干事萧崇清、财务干事严俊这两人。

联欢社的社员，一部分是商人，都是云南商人，北京商人对此始终冷淡；另一部分是机关职员。初成立时，社员人数可能有五六十人，但后来因为那些缅甸华侨陆续走了，社员人数也愈来愈少了，剩下的多半是缴缴会费、对联欢社根本不太感兴趣的社员。但社员中始终没有一个藏族。

联欢社的经费，主要是庆祝抗日胜利大会的一笔余款。抗日战争胜利时，大家非常高兴，纷纷捐款，举行了三天庆祝大会，还剩下一笔钱。到成立联欢社时，就决定用来做开办费和基金。联欢社成立之后，为了筹划经费，曾借用办事处的旧影片和电影机，演过两场电影，向社员推销门票，有点收入。此外，又托便人从印度带回一些糖果，推销给社员，也赚了些钱。此外，联欢社的经费就依靠社员们的会费收入。联欢社没有接受过任何方面的津贴。

联欢社内有篮球、排球、乒乓球室，休息室、浴室和一个小食堂。真正起点作用的是球场和食堂。初期，因为这是个新鲜事物，去的人较多，每逢球赛，也吸引不少藏族进去看看，后来就愈来愈冷落了。

联欢社的骨架虽搭起来了，但是空空洞洞，没有内容，实际等于内地的一个公共体育场。当时在拉萨的汉族对体育活动不感兴趣，因而热闹一阵之后，就冷下去了。偶尔去那里打球，玩玩的，主要是拉萨小学的教师和学生。

支撑这样一个门面，成了大家的一个负担，只是没有人提出关门。实际上，联欢社起到的作用是：1. 替办事处提供了一个开群众大会的会场。办事处地方狭小，过去开会利用走廊，人多了，根本无法容纳。现在可以利用联欢社球场，举行大会，如双十节、元旦等节日的群众大会就照例在联欢社举行了。2. 给拉萨小学上体育课提供了便利条件，小学生对球场的利用率最高。3. 偶尔有人去那里吃饭或请客的，但是不多。4. 间或组织几场球赛，热闹一下。到 1947 年底，改选干事的时候，我坚决推辞，就不再负责了。

驻藏办事处对联欢社的态度，亦是不一致的。沈宗濂是支持的，但联欢社刚一成立，他就回内地了。他跟我谈过一次，大意是既然大家希望我出来办，那就负起责任来。联欢社可以提倡一些正当娱乐，提倡体育，如果有藏族来参加，也可以联络感情。但拉萨贵族的家奴是最爱惹是非的，藏军的纪律尤其坏，经常在外面酗酒闹事，还有一部分喇嘛也不好对付。联欢社是一个群众组织，里面有篮排球之类的新鲜玩意儿，藏人也可以随便来，万一人多闹起来，办事处要管也管不了，不管又丢面子，所以陈锡璋是不赞成多此一事的。只是已经办起来了，唯有听其自生自灭而已。

还记得在 1947 年，一个叫江新西的人，因为一时找不到住屋，曾借用联欢社的一间空房，住过几个月。

（四）

1944 年我去西藏，本来想写点东西出来，并有准备改行新闻业的动机。

到西藏后，沈宗濂处长提倡大家多做点研究工作。

因为这和我去西藏的个人打算，不谋而合，所以非常容易接受。办事处从重庆、加尔各答买了一批关于西藏以及其他方面的中西文书籍。印度方面的西文书，就是我经手买的。到拉萨后，又由办事处请了一位长期住在拉萨的回族来教藏文，我也参加学了几个月。此外，又请过两个汉僧（观空、密悟）每人讲过一次佛教常识，李有义科长讲过一次社会调查方法。不久，沈宗濂又邀集四五个人开过一次小会，其中也有李有义，他说国内非常缺乏了解西藏情况的人，关于西藏方面的研究，我们远远不如外国人了，所以他发起大家来合作一本向内地介绍西藏一般情况的书，不要虚度这次来西藏的机会。当时，大体规定了政治、宗教、经济、文化、地理、历史等几个方面，初步分了一下工。我记得沈自己承担的是社会经济，我承担的是宗教，李有义和别人承担的什么，我记不起了。但在这样泛泛谈过一次之后，就没有人再提这件事了。

1946 年初，沈宗濂回内地，从此没有再去西藏，也没有人再过问这件事。但在临行之前，他知道我对这工作有兴趣，曾向我提过一句，希望我继续搞下去。但不久，大家的兴趣都淡了，李有义向我表示，他准备自己另外写书了，于是只剩下我一人。办事处陈锡璋（主任秘书长，1946 年初，沈宗濂离藏后为代处长）等对这方面都不感兴趣，也从不过问。于是我就只有照自己的打算、自己的意思搞下去了。

因为我是从头摸起，什么都不懂，除了自己看书和记录些耳闻目睹的材料之外，就问人，问过的人很多，但主要有四五个人我认为是比较内行的，对我也乐于帮助。我们计划写一本书，是很多人都知道的，我亦没有认为这是秘密。

这样我陆续积累资料，到1947和1948年间，我把材料比较顺手的部分，分别写出了喇嘛教教义和喇嘛教主要流派一章，寺庙组织和僧侣生活一章，政治一章，地理一章，交给陈锡璋他们看了。当时由办事处找了两名拉萨小学毕业生，抄写了两份，一份带给沈宗濂，一份存陈锡璋处。

这四部分材料，我后来带到北京，研究部有的同志看过一部分，并复写了作为内部参考资料保存。

上节提到在搜集材料上给我帮助较大的，有：办事处旧职员张旺；汉僧观空；汉僧，注旺；奥国人，奥夫施耐德；奥国人，哈拉，前面三个人的帮助尤其多。

一、张旺：他是办事处留下的旧人员。听他说，他父亲是清末驻藏大臣衙门里做事的。他本人就在西藏生长，一直在办事处当通事，娶了藏族老婆，在拉萨街市开设一家小烧饼铺。他的藏话非常流利，对拉萨藏族的一般生活、社会风习，极熟，但由于缺乏文化，汉、藏文都拿不起来，办事处对他是不太重用的。

有关西藏政治组织、社会风俗，我大多向他了解。他是准备终老西藏的，同我们这些住上一段时间就要走的人不同，所以非常胆小谨慎，稍稍涉及当时西藏政治现实的话，他不敢谈。首先，他不愿得罪西藏地方政府及当权人物；对汉族，他希望做到面面周到，也不得罪任何人。

二、观空：拉萨哲蚌寺的汉僧。我们去西藏时，他早已在拉萨。大家认为他是当时拉萨汉僧中学佛经学得最好的。因为办事处曾请他讲过一次佛教教义，给我印象很深，所以关于喇嘛教理论的问题，我都问他。写出初稿后，也送去请他修改，提意见。我还看过他替办事处写的关于喇嘛教各宗派的介绍，但术语过多，不易看懂。

他对宗教以外的事务，从不过问。平时也很少出来，一般汉族都认为他是个虔诚的出家人。我的印象也是如此。

西藏和平解放后，他来北京佛学院教书，我们见过几次（后来在西四广济寺，好像是佛教协会的理事）。

三、注旺：有人叫他张注旺，亦是拉萨哲蚌寺的汉僧。他在西藏多年，对喇嘛寺庙和僧人生活了解最多，我亦看过他写的一个材料，很好。关于这方面的问题，我大多向他了解。他住在哲蚌寺内，很少来市区，会面不多。他同拉萨的几个北京商人较熟。一次，我为了了解普通僧人一日间生活情况，曾去哲蚌寺住过一晚，我就住在他那里，看他的生活是比较好的。

四、奥夫施耐德：奥地利人，约 40 岁，据他自称是慕尼黑大学讲师一类的教员，专业是土壤学。

奥夫施耐德和哈拉，自称是一个欧洲登山队队员，他们是在第二次世界大战前到印度西北部去爬喜马拉雅山一座山峰的。到欧战爆发，他们就被英印政府囚禁在印度边境的一个集中营内，住了几年。后来他们逃出来了，绕道我国西藏西北部的牧区，于 1946 年到拉萨，由西藏地方政府收留，帮助设计修理拉萨河的河堤。

这两个奥国人初到时，英国驻拉萨代表处就向西藏地方政府要求引渡，要把他们带回印度去。于是他们来驻藏办事处交了一份申请书，大意是说他们只是一般百姓，因为到印度爬山，被英印政府拘禁了几年后逃来西藏的。欧洲战事已经结束，西藏乃中国领土，他们申请准许他们在西藏住下来，并予帮助；如果不准，就要求取道内地把他们遣返欧洲，但他们不愿再去印度。驻藏办事处答应代向国民政府请示。过了一段时间，陈锡璋要我转交他们一张1000卢比的支票，作为资助。

我不知道驻藏办事处同西藏地方当局有否谈过这件事，但无论如何，这两个奥国人就留了下来，替西藏地方政府监修河堤，亦没有听说英方再提引渡的事。慢慢地，这两个奥国人也在拉萨自由行动了，我和他们也熟了，并知道他们同英国方面也有往来。

我和奥夫施耐德等也谈过写书的计划。对西藏地理，我只通过书本有些了解，也没有谁能帮我，于是我就想到奥夫施耐德，有关地理的问题就问他，他亦了解不多。我看过他写的一篇稿子，他还帮我画过两幅西藏简图，本来是准备在原来计划的汉文书内用的，所以也寄给沈宗濂了。

五、哈拉：奥地利人，三十多岁，据说是欧洲有点小名气的登山运动员，人很活跃。

奥夫施耐德住在市外监工（修河堤），哈拉住在市内监工，所以见面机会较多。我们谈话时交换过一些对西藏地方政府组织的看法，他自动说，他可以替我抄一份拉萨机关表（约十多个机关）和拉萨贵族的名单供我参考，而且很快就给了我。

我在后来抄寄沈宗濂的稿子后面，都说明了哪一部分得到谁的帮助，是准备出书的时候，要公开致谢的。

在上面提到我写的东西之外，我在 1947 至 1948 年间，另外写过 4 篇文章，是在内地发表了的，也顺便在这里一提。

1947 年，拉萨发生热振事变，我根据每日见闻所及写过一篇报道（汉文的），后来请便人带给了沈宗濂（那时他任国民政府上海市秘书长），由他送给上海《新闻报》发表了。我当时的认识是：热振被杀，表明西藏地方的亲英势力抬头，分裂倾向将更严重，希望引起内地人的注意。尽管这篇文章只是叙述事实，没有多少议论，然而还是引起了西藏地方当局的反感，一直问到驻藏办事处陈锡璋那里，说是一定要查明这是谁写的。陈锡璋事先并不知道，是他和我谈起时，我才告诉他这篇文章是我写的，看他颇有点为难。后来他如何答复对方，没有跟我谈过。

1948 年，我又用英文写过一篇英帝侵略我国西藏地方后引起的一系列问题的长文。文章用纯客观主义的立场，分述了英帝政府、我国历届中央政府以及西藏地方当局的观点，掺入了一些我自己的看法，但其中也有一部分触犯西藏上层的语言。这篇文章亦是我请便人带交沈宗濂，由他送往上海美国人办的《密勒氏评论周报》，改用了三个不同标题，分三期发表的。

这些文章发表后，西藏几个贵族对我的态度有明显的改变。尤其那篇关于热振事变的报道，可能给驻藏办事处带来了一些麻烦。这是促使我辞职去印度的一个理由。

1948 年，沈宗濂来信说他应美国朋友之邀，准备去那里作旅行演讲，约我同行，要我负责西藏方面的材料，并要我多拍些拉萨风俗习惯方面的电影，带去放映。

沈宗濂有个小型的家庭电影摄影机，留在拉萨。初到西藏时，拍着玩的人多，后来就是我拍得多。我拍时也毫无计划，都是一些户外典礼、酬应场合花花绿绿的镜头。后来因为年年老一套，就不再感兴趣。拍好的胶片要等便人带往印度转寄孟买冲洗，然后再等便人带回，往返一次，就需一年半载，兴趣也就更差了。1948 年接到他来信时，我已不多外出，所以没有再拍什么。

同年，我又向办事处提出 1909 年清政府同英帝国签订的《中英续订藏印通商章程》，其中规定每届十年，可提出修改，否则即继续生效。许多英帝的特权，如在西藏设立所谓商务委员处，沿途设置驿站，架设电报线，派驻卫队，等等，都是根据这一不平等条约。英帝已于 1949 年转移政权，印度独立。印度政府一向标榜反对帝国主义侵略，中印两国过去同受其害，现在正好向印度提出修改，以重主权。驻藏办事处照我的意思上报了。不久，蒙藏委员会转来外交部答复，说这事当由他们考虑，统筹办理，毋庸我们过问，语言之间，大有责怪越俎代庖，多管了闲事的意思。我看了非常生气，决定还是早点走掉算了，这个政府越来越不像话了。

1948 年内地解放战争的发展，也使我感到在拉萨待不下去了。驻藏办事处已无事可做，能够维持多久，已成问题。继任人一直杳无音信。我决定先辞职去印度国际大学做点藏族历史方面的研究，再等机会去美国。陈乃文母女决定和我同行，陈乃文想到印度去上学。这样一再拖延，到 1949 年夏才离开西藏。

我去印度的途中，接到沈宗濂从加尔各答来电，说国民政府外交部派他考察东南亚外交情况，经过印度，有段时间的逗留，盼望我早去印度一晤。但我一出国境，到了锡金，就听到西藏地方当局驱逐国民政府驻藏机关人员的消息，这个突如其来的变化，使我感到有重新考虑我的计划的必要了。

我决定在印度暂住，印度是回国必经之路，可以观望一下，等国内战事结束。后来我亦决定不去美国了，过去是单身，独来独往比较容易，一成了家，情况就不同了。去美国是离祖国愈跑愈远，将来如何？再去读新闻学，是否还用得上，也成问题。这一切考虑，使我最后改变了计划。

我同沈宗濂会面时，就把我的计划告诉了他。于是他提出改为合作写一本关于西藏的英文书。他说，只要有了材料，写书可以找美国的职业作家去写，很快就写出来。这点，我不同意，我认为自己的材料，总是自己写好。最后决定我在印度写书，写后寄往美国，由他修改，社会经济部分，由他负责，其余出版等事也由他负责。他把过去我带给他的一包汉文资料交还给我，他叫我安心写书，并说如果我要去美国，随时可去。我当时已把一切希望寄托在写书上，除此没有别的出路。事实上，当时情况，我已是必须同他合作不可。我的资料他已大部分掌握，如果我不同他合作，他去美国找别人先写出来了，我就没有多少可写的了。

书稿于 1950 年写完，我陆续写完，就陆续航寄给他。他来信说，出版不成问题。后来他把书局同意出版的原信也附给我看了，我把我拍的电影片合成两卷，寄给了他（现存英国影视馆）。这是 1950 年冬的事。在这之后，他要我再写一章佛教教义，附在书后，我也写了，但因为写得不好，没有采用。此外，陆续有些增补修改的地方。

我几次去信想了解书局的出版条件如何，他都没有正面回答，只告诉我说当时美国积压的稿件太多，付印需要推迟。这样拖了一年多。到 1952 年，我决定回国，从此再没有和他有过任何联系。

大约 1953 年，我来北京的第二年，印度的一个熟人胡继藻（当时在印度拉霍尔大学读硕士学位）给我寄来了两册书。他把扉页上我和沈宗濂两人的汉文名字擦去了，又把泰勒写的一篇序文也撕去了。他信上说，原来还有一篇序文，因为有些话与事实不符，所以他撕去了。当时，我只看到沈宗濂的社会经济部分一字未写，全书都是我写的，但未注意到别的问题。我保存了一本，把另一本交给了室领导。第二次，胡又给我寄来了两册，内有泰勒的序文。我只看到这篇序文里说，这书是沈宗濂所写，但得到了柳陞祺的帮助，颇感气愤，才想到前次胡把这篇序文撕去的道理。

回顾我这段历史，在西藏五年（1944—1949），印度三年（1949—1952），在这八年期间，想写点东西出来的思想，贯穿始终。

当时我想：书内引用的都是一般性的材料，在当时“学术无国界”的思想影响下，在美国出本书会有什么问题？反之，倒觉得那时国外几乎看不到一本中国人写的关于西藏的书，尽看到西方人（尤其是英国人）写的东西，未免贻人笑话，自己如果能写出点东西来，多少有争一口气的意思。又认为，个人写的书，只是个人的看法，即有错误，也是个人的事，与别人无涉，更与国家、政府无关。所以要到美国出版是因为除了销路广，能赚钱，美国公众对西藏问题没有什么成见，比较“公正”，等等。

在下笔时候，我亦一直记住务必说话公正，有利于我国的话要说，不利于我国的话也要说，不要让人一看就说这是中国人的宣传品，不看也能猜到是什么内容，而要让人看到我们有气量，有风度，也有不同看法，等等，并认为唯有这样，这书在外国才有人看。

1969 年 7 月

热振事件见闻记*

《新闻报》编者按语：“多谣拉萨传闻的话可能就变新闻，寄语国人心理上边应该有些准备。”关于本年（1947 年——编者注）四月间西藏发生的政变，至今因藏边戒严，交通阻梗，以至若干报道，或传闻异辞，或语焉不详，本篇作者星君，旅藏多年，

---

* 此文曾载《中国藏学》1996 年第 4 期。其时，该刊编者按如下：关于 1947 年西藏热振事件，近年中外藏史著作多予论述，然其取材依据毕竟以亲身阅历之记录为最上。当年，柳陞祺先生适旅居拉萨，即就所见所闻，详加记述，并探讨其原委，撰成一文，名《西藏政变实录》。因藏中戒严，与内地交通梗阻，故将全文托人送至印度，复交航邮，寄至上海，以笔名星，首先披露于当年 8 月 25 日《新闻报》上。事逾五十年，此文已成为珍贵史料，唯原报已难觅见，今特重载于下，易名为《热振事件见闻记》，文字稍加梳理，改正几处手民误植，其余一仍其旧，以供研究近代西藏史学人采用。

熟谙藏务，特就实地观察所得，详加记述，于藏变原委，从客观上探源溯流，足资关心藏事者参考和借镜，弥足珍贵。又此文系由拉萨专差送至印度再交航邮寄沪，故至今始得到达，亦足见消息传递之不易矣。

在多谣的拉萨市内警察忽然出来复岗

民国三十六年（1947）4月14日，拉萨时间约午后3时，我们几个朋友在市南藏角河（即俗名拉萨河）边的柳林散步。突然一位朋友的仆人从市内赶来，报告时局有变化，他说市内警察已复岗，怕与喇嘛有冲突的可能。

按：这时候，小召开始还不久，照西藏的规矩，在藏历新年里传大小召的期间（除去一个短期的间断，大致有一月时间），拉萨市内的治安权，由警察局交与哲蚌寺的正副纠察喇嘛负责；在这一月之内，凡是拉萨市内的一切民刑诉讼，无论僧俗，概由这两位纠察喇嘛全权办理，官府不得过问。这原是因为传召期间，三大寺及远近喇嘛，云集拉萨，每易引起僧俗间的纠纷，所以规定这种制度的。这两位喇嘛各有一巨型铁棒，这是他们的权威的标志，所以内地人就称他们为铁棒喇嘛。在这正副铁棒喇嘛执行职权的时候，拉萨市的市长休假，衙门关闭，巡警撤岗，这是数十年来的旧制，何以在这传小召刚开始不久的今天，巡警突然也复岗了呢？

热振政权问题　事情的发生虽然突兀，但是关于这种事变之来，我们早听到了一些风传。大致在一月余前，也即在藏历新年之前，在这多谣的拉萨市上传说当今的四大噶伦之一格须巴曾有封私信，送给前任的摄政热振呼图克图，对现在打札摄政意图颠覆，希望热振恢复政权，他愿为响应。这信是他派遣小娃子送往热振佛驻拉萨的札萨管家的。热振佛就是十三辈达赖圆寂后任摄政，并从青海西宁附近寻觅现十四辈达赖的主持人。他的本寺就名热振，在拉萨北约 160 里，两日半程。他从民国二十三年（1934）任摄政以至民国二十九年（1940），忽然倦勤，就由他指定现任打札佛为摄政，自己回热振寺去静修；热振佛现才三十余龄，而打札佛已是七十，所以有人说热振还有东山再起的意思。当两年前（1945年）的藏历新年，热振佛到过拉萨一次，于是外间谣言更大，甚至说，热振佛退职时，就和打札佛约定以两年为期，所以这次是来谈判复职的。但是他在拉萨住了两月余后，又飘然引去，并无下文。西藏地方政府对他来去的送迎，执礼之恭，排场之大，虽几乎和他当摄政的时候不相上下，但是多数人怀疑，里面必有暗门。当时舆论是：现摄政打札本人以年高体弱，无所作为，听凭几个左右在摆弄政局，以至贿赂公行，上下交征，可是就因为如此，他被认为较易应付，一般当权的就可以上下其手，而不掣肘，他的坏处，反成了他的好处；至于热振佛正当盛年，作风自然不同，再说他任摄政时，雷厉风行，有时未免过分并连及私怨，所以有几个当权的就唯恐他再度执政，无形中形成了一种反热振的结合，这亦是他的精明，反成了他的致命伤。所以，无论是从当时的事态，还是从后来的演变观察，我们像是能归纳出这个结论：热振佛比较受一般人的拥戴，这一般人不只是老百姓，乃是包括相当数目的僧俗贵族而言；反之，打札佛则比较符合少数人的期望，而在西藏，那一般人是往往跟着那少数人走的。

格须巴的离奇信

至于前文所提的那位格须巴噶伦，倒是西藏有数的从微贱奋斗起家的一个成功者，在西藏这专讲门第世系的地方，奋斗起家，并不被认为是句赞语。事实上，这格须巴也确乎受到了一部分老世家的歧视，而最使他不平的，也许还是因为他不是个老世家，而不如他们似有很多的庄田与百姓。在政治路线上说，他和现摄政打札的几个有力的亲信有特殊的关系，例如：他从仔琫荣升噶伦，就是前年由现摄政的札萨管家一手造成的。同时，他对热振佛还有一点旧嫌，所以依常情推测，他噶伦当得不安逸，而要写信给热振佛，私通款曲，简直有点奇怪。而更奇怪的是，据传他那小娃子，把那封应当送往热振的札萨管家的密函，竟错送到了现摄政打札的札萨管家那里去了！事情离奇到使人难以置信，可是拉萨人言凿凿，在藏历年底之前，有说格须巴已被褫职的，有说从某日起格须巴已不到噶厦（噶伦办事之机关）办公的，有说他已在私宅内被软禁的。关于他一人的谣言，就够把拉萨的人心扰乱了。

一连串无头案　格须巴一人的命运，也许不会惹起那么大的波澜，但是谣传中那封被误送的密件的内容，却点醒了许多人心里的关于某种政治暗潮的疑虑，同时，接二连三的，又发生了几件似乎关联的无头案。主要的：一是拉萨市的郎子辖（即市政府）前，有人去贴了藏文招纸，抨击现摄政年老昏庸，纵容左右贪赃枉法，还有一件，是说现摄政亲信的某仲译钦波（意译大秘书，或机要秘书，四品僧官）宅内，忽然有炸弹爆炸，伤一仆役，并且说，那炸弹是被包得像一件礼物，是由人送往该仲译钦波那里请代转呈现摄政打札的，所以显然后者才是送炸弹的人的真正的目标。于是，这小小的拉萨城，便很有些山雨欲来风满楼的情景了。

4 月 14 日，在我们事后的回顾中，只是那风雨到来的日子罢了。

事变开始　警察拿枪　成群的人登高瞭望

现在，再叙回到那天事变的开始：

当我们听到那消息之后，因为对于市内的情形不明，我就不向闹市走，而取道市西绕回家去，沿途看到情况如旧，只是每个警亭都是双岗，并且每个巡警都有一杆步枪，对这向来徒手的巡警，这杆枪自然添了不少严重的意味。可是看他们的情绪，依然像往日一样的闲散，有的把枪靠在墙根，自己走得远远的谈话，有的还坐在地下纳鞋底，有的正好奇地扳弄机关，作瞄准试验。

在经过离我住处三四百码的一处广场的时候，看见人群在土堆上、屋顶上乃至几条陋巷的口子上站着，似乎在瞭望什么。西藏，每个大活佛在拉萨都有一所房子，作为进城时息足之所，藏话叫拉让，这热振佛的拉让的左近，人群就对着那方向望着。路人的传说是，有两个贼逃入了热振拉让，铁棒喇嘛向后者索人，后者不肯，因此引起纠纷，但自然这仅是表面文章。

比较确实的消息

等我回到家里，才听到比较确实的消息：热振的管家札萨被捕，拉让被封门，同时，上文提过的噶伦格须巴，新近削职的旧噶伦彭康，及西康富商三多昌都被逮往布达拉，家宅被封，理由不甚明白，大致与政潮有关云云。这时，我住处前面的大路已断绝行人，从楼窗往下望，可以看见铁棒喇嘛与一些小仔仲（僧官）骑马往来，很紧急，再遥望，在热振拉让的左近，有小群闲人站着，其他也看不出什么迹象。

这里该补充的是，前文所提的札萨，是一种官阶，品级甚高，仅亚于噶伦，凡是贾博呼图克图，即有充任摄政（或称藏王）资格的呼图克图（蒙古语，即转世活佛），其管家即为札萨喇嘛。至于热振拉让的札萨，便是热振佛的亲外甥，不啻是他的驻拉萨代表。此外还有位札苏，即退职的札萨，亦已年近古稀，就是当年寻觅热振佛化身的功臣。这次是连札萨、札苏一起逮往布达拉宫的。

不幸的老先生　退职噶伦彭康原是第十一辈达赖喇嘛的家属之后，故俗称岳悉彭康。岳悉是对达赖佛生父的封邑的称呼，自然是有数的大世家之一，他的长公子娶的，便是现锡金王的长公主。关于这不幸的老彭康，很早就有许多的谣传，这里面有两种说法很使人相信的，一是老彭康本人庸懦可欺，大有人想取而代之；另一是彭康家的庄子多，有人看了眼红。西藏的官场，有如走马灯，今天你登台，刮一批，明天别人登台，就把你的又刮了去，这亦是地小官我的一条自然律。此外，还有第三个说法，不利于他的，是说他是热振佛的红人，所以此老很早很早在他首席噶伦的座位上，就有一点摇摇欲坠的样子，但如今，我们以事后聪敏的眼光来看这最后一点，显然只是一种借口。在藏历年前大约三四月的时候，老彭康前妻所养的一位已出了家的儿子，突然到现摄政那里去控告后母，同时他庄子上的一部分的百姓亦申诉他虐待苛扰。谁都知道这位老先生是不会作恶的，要有什么苛扰或家庭是非，也与他无关，可是一度谣传，摄政因为他治家不严，除革去噶伦之外，又把他全部家产没收。之后证实，他治家不严的代价，是两个大庄子的被没收，而并非全部财产，至于他那噶伦的职位，确是让给后起之秀了。据说事后那位控告后母的儿子后悔受人愚弄，并自承，结果他一无所得。这些过去的琐事，虽和政潮无关，但我们不妨在此一提，也可以帮助我们解答此老父子两人对这次政潮发生的一段纠葛的疑点。

康巴富户的被捕

最后是这非藏亦非官的三多昌。这三多昌原是西康甘孜地方的一个富户，据说弟兄五人，照康藏一带的习惯，合娶一妻，这位妻子便是热振佛的同胞妹妹。这次被逮的是老二，被逮的理由，大致不外是这一点亲谊。但这里值得一提的是，他是一个康巴，既是康巴，他应当受中央的法律的保护与制裁，而这次藏当局擅加逮捕，查封门户，事先连向驻拉萨的中央代表机关——蒙藏委员会驻藏办事处一个信都不递，似乎是开了一个很不好的先例。可是这里，也有两点困难。第一，对西藏的藏人与内地人，向来没有一个原则上的分界，至于藏人守藏法，非藏人守中央法的一套，亦不过是一个大致不差，糊里糊涂的现实问题。第二，这位三多昌向来似乎以藏人自居，他居留拉萨，已历有年所，平时与内地人甚少来往，所以他亦可以被认为是一个落籍的藏人。也许事实上，他正是这么想，这于他被捕后，他的家属从没有向驻藏办事处申诉的一点，可以证明。这对于驻拉萨的中央机关，确乎有许多困难，我们在此提到，亦只是期望于将来整个局面改善的时候而已。

证明都是事实　到第二天，4 月 15 日早晨，情形就比较明白了，老彭康、三多昌、热振拉让的两位札萨的被拘都被证明为事实了。关于逮捕那两位札萨时，据说现任札萨，即热振佛的外甥曾谋抵抗，所以藏兵不敢进去，但那位札苏却竭力反对用武，于是由正副两铁棒喇嘛率领士兵入内，当将两札萨监视，诿说请往布达拉议事，押架而去。同时即将拉让内的武器缴出，封闭大门，派留军队十余人监守，所以寺内喇嘛，都痛恨老札苏的胆怯。

至于老彭康被捕的情形，则据传昨天午后他刚从外面访友回家，即由僧俗官各一名，带同士兵十余人来逮捕。据说当时的士兵荷枪实弹，神色很难看，老彭康说："何妨如此，还怕我老头子逃脱了？"又据说，押到布达拉后，即行挑去头簪，披发赤足下监，情形甚惨。彭康与现妻所生的大公子，即锡金国的驸马，原任江孜宗琫（即县长）的，最近刚率眷回家省视，今天与他母亲四出奔走。至于宅第被封，是一部分，其眷属仍准住在里面。

康商三多昌，有人看到他在被捕的时候，神色镇定，并由藏政府备马乘坐。还有说他被囚禁的监狱，亦比较好。

密函人物的哑谜

最传说纷纭的是那位私通热振、泄漏机密的现任噶伦格须巴。有的说他是以开会为名被骗往布达拉宫的，到后即被软禁，他的仆役在傍晚时回家取衣服，不料回来时门已被封，无法入内。有的甚至说，有人亲见他的家属是在 14 日傍晚被押往他处的。可是持相反的意见的，则说他往布达拉去时，是和然巴喇嘛噶伦同行的，两人都没有回来，足证他并不一定是被软禁了。又说，在他去布达拉的时候，还特向现任藏方四品官的另一位康巴商人邦达昌借马，带了十几个仆役过市，神情自若。再有人说，因为听说他的宅子被封，赶去想看一个究竟的，曾亲自看到他的夫人在窗头闲眺人群，似乎毫无事情。（按：封门，只是封里面的一部，规矩如此，路人亦就无法证实，所以怀疑派就说什么送信送错了门户的一套，根本是无稽之谈。）这位噶伦的一生事迹，一言以蔽之，是翻手为云，覆手为雨。还有老成持重的评论家说："我除非亲见此人挨了鞭子，我什么都不敢相信。"

兼程出发逮捕热振　同时下手对象分明

但是在这第二天内，有两个消息足以表示发展中的事态。

一是，据说此事实在 13 日夜间已经发动。拉萨方面，系由马基（即兵马总司令）主持；另一方面，则由索康、拉鲁两噶伦亲率士兵 200 名，兼程赶往热振寺，逮捕热振佛。骑马从拉萨到热振寺，至多 24 小时可达。而昨日拉萨方面逮捕札萨、老彭康、三多昌等既在午后 3 时左右发动，则是两地配合行动，几乎同时发作。足见藏当局设计之周，行动之密，以及他们的对象是谁了。这消息立刻证实了上述各项传言，都是“事出有因”的。

其次，忽然传说在那仲译钦波宅内爆炸的炸弹，是由一个不知名的康巴送去的。又说，在昨日逮捕三多昌之后，拉萨的西康人都赶去营救，但因为人已被带走，门也封了，只得作罢，今天整日在会议对策，隐隐约约地有人说，这炸弹案恐怕还与汉人有关。

在这雪山围绕的城中，没有任何正常的报道，所以凡是稍稍知道一点拉萨情形的人，都知道市上的谣言可以作新闻看，亦可以作宣传看。无怪乎由于这消息的传布，就引起了部分内地人的警觉。

市上谣诼更多　从事变的第三日，市上的谣诼更多了。有说已牵连 20 余户的，有说格须巴确被软禁，但因为他对外负债达 20 万秤（每秤藏银 50 两），约合 300 余万卢比，并且多半是官方负债，而他个人产业不敷此数甚远，所以暂不抄家的。所有重要官员，都被召往布达拉会议及当差，大小僧俗官员，都有点惴惴不安，唯恐仇人假公济私。

关于热振寺方面，索康、拉鲁两噶伦亲自去拘捕热振，已被证实。一说，是伪称现摄政病重，所以请他到拉萨来商议大事的。另说，简直是拘捕，如果反抗，就地正法。今日（4月16日）一早又开了200名古松麻米（即达赖的卫队）往援，现当局要对热振系的斩草除根，已无复疑义了。

可是主持这次排热运动的，是什么人呢？据传有新任的总堪布（为达赖左右之最大僧官），现摄政的管家札萨，新任的仲译钦波阿旺朗杰（按：炸弹案就出在他家里），索康、拉鲁两位噶伦。至于格须巴是否预闻，还是一个疑问。但是听今天一般的议论，都说他家里无事，恐怕是主动人里的一个重要角色罢。

关于上面的几个重要角色，除了我已介绍过的，还得稍加补充。那位总堪布，原是最接受达赖喇嘛的一个人，类似枢密大臣。现十四辈达赖，才15岁，尚未问政教事宜，但等三年后他成年的时候，摄政就得退位，这位总堪布承上启下，权就大了。现任的这位总堪布是最近由现摄政手中擢升的。至于原任总堪布何以被勒令退职，至今还是一个疑团。大家知道他年高德劭，与达赖佛爷的家属方面都相处得很好。至于摄政的那位管家，舆论对他似乎没有什么美评。原来打札佛在未被热振任命为摄政的时候，仅以十三辈达赖喇嘛的侍读和热振佛的经师（藏例每一僧人可有很多的师傅）的地位，在教的方面有个相当的地位，而在政的方面，可以说毫无渊源的。据说他素以修持清净，受人尊敬，自从当了摄政之后，买卖官爵的一套，并不亚于常人，甚至有说是更胜人一筹的。这和他当僧人时候的令名有些不协调，于是有的人批评他被这位管家连累了。这位摄政在一年前成了一位呼图克图。呼图克图是一个蒙古称号，那意思是转世化身，所以和西藏的所谓朱古（意即化身）、仁波且（意即大宝，乃用之转世佛爷的称呼）本来没有差别，但是传统上，这呼图克图的称号过去是由中国皇上御赐、现代是由中央政府册封的，譬如，热振呼图克图就是由中央册封的，所以，这转世活佛多到不可胜数的西藏，朱古、仁波且可以满街走，而称得起呼图克图的就只限于几个历史悠久的大活佛而已。至于现摄政打札原是位有相当地位的朱古或仁波且，但去年他就被晋级为呼图克图，并且因为是他现任摄政，自然又是个贾博呼图克图，换言之，是他每一辈，都有当摄政的资格了。现十四辈达赖佛爷尚未执政，所以他当然无法封他，中央方面非但没有封，也许事后都没有接到藏当局的正式报告，那么他这呼图克图是谁封的呢？笔者曾问过几位西藏朋友，他们也不知道。有人指出，这又是他们的管家的杰作，因为打札佛既成了呼图克图，他的管家就当然的升为札萨阶级，所以现在他是位札萨，在品阶上是仅亚于噶伦了。

炸弹事同儿戏　那位仲译钦波阿旺朗杰，是现摄政从小的亲信人物，据说，那神秘的炸弹就是送往他那里，请他转呈摄政的。送摄政的礼品，可以径送他的管家转呈，何必先送往仲译钦波家里去呢？所以有人疑惑，别人是想炸死他的。据说，照西藏规矩，礼品都是当着受礼的主人面前，由小娃子打开的，所以有人想用这方式来谋刺这阿旺朗杰，不能说不可能，但又不知怎么单由他小娃子打开了。因为爆炸时房子受了一点伤，这仆人受了伤，而阿旺朗杰本人何在没人提到，事后亦并未听说受伤，我想设计这阴谋的人，似乎只在恫吓一下了事，不然，这种儿戏似的事情，恐怕唯有与前文所说的格须巴信送错的那段故事，可以相互媲美。

捕热的两位主角

最后还得稍提一提那两位被派往热振寺的噶伦索康与拉鲁。

凡是在拉萨住久的人，都知道这位索康噶伦。民国二十四年（1935）西康闹大金寺事件的时候，他是藏方的代表之一，现在才30岁。他这一家，人才辈出，在政治路线上我们虽不敢妄加断语，但在待人接物，尤其是对待他自己的百姓方面，人人都对他们说几句赞美的话。他和热振佛似乎说不上什么恩怨，所以在四大噶伦中，他和然巴喇嘛噶伦是被认为被动多于主动的。外间谣传，虽有指他为主动人之一的，但也有人说，他接到命令去热振寺的时候，很出意料，并且不得已。

比较值得注意的，是拉鲁。13年前，当热振佛摄政的期内，曾有一次政潮，其中有个主角叫龙厦，这拉鲁便是他长子，等他们的阴谋被发觉之后，株连甚多，这位龙厦就被处挖眼监禁，结果抑郁病死，但他这位长公子却被另一家叫拉鲁的贵族招赘了去，作为继承人，所以连他一位同胞弟弟都改名拉鲁。他还在半年前，从仔琫升为噶伦，便是补的前文所说的彭康的遗缺。至于那回他们父亲龙厦的被害，据一部分谣言，格须巴被疑为通风告密的一人，所以这次拉鲁登台，大家认为是摄政给能干的格须巴一个一般能干的对手。此所以市面上关于格须巴私结热振派的一套流言，人人信其可能，这个我们且不谈，而拉鲁对热振佛的杀父之仇，却是铁案如山，所以这次去捉捕热振佛，就有他。

在同日，又传彭康的大公子，即前文所说锡金的驸马爷，亦被拘了。据说他们父子分囚两室，在下狱前都被挑去了头簪。这头簪是贵族的标记，未经审问就挑去了头簪是很严重的罪犯。至于家人送饭送衣，都到布达拉大门为止，由宫中当值的交给守卫，再由守卫转交给他们。凡是饮食，并须先经过守卫尝，证明无毒，似乎防范得非常严密。

结扎仓的谣传　但是最使我们注意的，是一些关于汉人的谣传。4 月 16 日中午，忽传前色拉寺结扎仓的堪布与不知名的汉人一名现在热振寺。色拉寺为西藏三大寺之一，结扎仓又为该寺之最大单位（按：该寺共分 4 个扎仓），其中独多西藏喇嘛，热振佛当年便进过这个扎仓，所以就是他的母寺。在去年传召时间，这位扎仓的堪布（即一个单位的住持，如内地寺院之方丈），曾和藏政府有过一度的冲突，起因是该扎仓的喇嘛，因为债务纠纷打死了人，但后来演变到两个政治势力的斗争。这位堪布当然被认为是热振系的人，结果因为寺院内部的不一致，这堪布便逃内地。藏政府的宣传是中途被他们截击毙命，布达拉下还挂起一个人头示众，据说就是那堪布的头。堪布确已安抵内地。有的说已回他的母寺西康的大金寺去了。如今事隔一年，忽传他又到了热振寺，似乎真有点有计划的行动似的。但又何来这不知名的汉人呢？

要求停闭交部电台　刚说无稽电线忽坏

同时，另一个消息说是藏当局已向中央的驻藏办事处要求暂时停闭交通部的拉萨无线电台。内地人士对于边地情形的隔阂，已成了住在西藏的内地人的一个日常笑话了。请问内地有几个人知道从印度到拉萨只二十余天，而从西康、青海、云南到拉萨要两月乃至三月？印度与拉萨之间有有线电，而拉萨与任何内地之间却没有；印度与拉萨之间有邮政，住在拉萨，要与内地以及世界各国通讯，信件必经印度邮政的转递，至于我们的邮政，最西只到金沙江东的西康德格县，而与隔江以西的西藏邮政没有联系，须靠便人转递。所以有人说笑，到了西藏，就譬如断了六亲，但这六亲之所以未断，实全靠民国二十三年（1934）黄慕松专使入藏代表中央致祭十三辈达赖喇嘛时，在拉萨设立的一个交通部无线电台。

人心都惴惴不安

现在的拉萨，有两个无线电台，除了我们的一个之外，还有一个是英国政府的，附属于他们的所谓 British Mission。这天，即 4 月 16 日，英代表处忽然派人到市上来探问，藏政府已提出要求，请我们的电台停止通电，是否确实？于是这消息就被传开了，到处人言凿凿，说是交通部电台已被封了，又说是藏方已着手调查居留拉萨的汉人了，似乎把西藏的政潮又扯上内地人的身上来了。驻藏办事处就得向各方辟谣。后来证实，确是毫无根据。但另外也有一个助长这个谣言的因素，就是因为当时一般人心浮动，尤其是一部分藏官贵族，唯恐被牵入到里头而惴惴不定，于是私人间表示很盼望中央出来调处，以免事态扩大，于是有人就制造成一种空气，仿佛热振系的背后就是中央，对热振，就是对中央了。

但在第二天，西藏的邮政局与电报局就变相停止工作了，有去发电报的，他们说，电线坏了，不收；有去寄信的，收是收的，但谁都知道那信就等于扔到字纸篓里了。大致有半月之久，去信不敢说，来信就不见一封。驻拉萨的尼泊尔代表想打个私电，听说都得去请求英代表。

一贯藏头缩脚 西藏当局办事，喜欢这一套，不必要的藏头缩脚。人人知道是封锁新闻，他们偏说是电线坏了；人人知道邮件停送，他们偏照常营业；人人知道贵族家属下乡的下乡，去雪里的去雪里（雪是布达拉山脚的一个堡垒形的小城，在拉萨市外，约二华里许），他们偏说是绝无此事；从噶伦以下的大小官员都已集中在布达拉办公，市面上连面都不见了，他们偏要老百姓安居乐业。所以，拉萨市上不负责任的谣言就更漫无限制了。

在回忆中，许多当时捕风捉影之谈是不值一笑的了。但也有不容你太轻视的，譬如，关于热振佛想改革西藏政局，有中央方面支持的传说，就愈来愈普遍，愈像有力量了。

结扎仓的强烈反响　誓死抵抗缺少枪械

从4月18日，热振佛被解到布达拉，以至20日军队与色拉寺的喇嘛开火，可说是一波方平，一波又起。19日市况就很萧条，到中午时候，突然从市北有步枪声传来。八廓行人，逃避一空。大家说不出是什么事情，但是人人觉得情形转坏。一到天黑，到处是稀稀落落的枪声。第二天，又满市传遍了昨夜色拉寺僧入市抢夺枪支的谣传。

据说，昨晚被扣的康商三多昌家里，忽出一件抢劫案。事先，说是由其管家以酒食款待守兵，同时又请了几名喇嘛来家念经，等守兵喝醉之后，念经喇嘛把门打开，就从外面冲进一批喇嘛来，把库房里封存的枪支60支及子弹三大箱都取走了。三多昌是西康有数的大商号，常有驮帮往来于康藏一带，所以家里有军器。时在西藏，枪弹向来公开买卖，就连地摊上都有。至于一般富户古札，更是家家俱备，所以三多昌家里有60余支枪，并不足奇。至于色拉寺本身，过去军火异常丰富，当鼎革时候，驻拉萨的一部分清兵叛乱，曾谋攻下该寺，结果，以群龙无首，攻不下来，等到清兵撤退的时候，一部分枪炮就被寺僧搬到寺里去了。色拉，也许因为接近拉萨，最容易牵入政治，就在英国荣赫鹏1904年攻打拉萨之役，色拉寺僧作战，极为英勇。但亦因为他们与政治关系太深，去年有结扎仓堪布被逐的事情，今年又是热振呼图克图被擒，他们就认为是藏政府专在对付他们，并要消灭色拉，所以这次结扎仓的反应，就非常强烈。据说他们曾把他们的护法神的衣服撕碎，各人分得一条防身，并在神前宣誓，除非热振佛恢复自由，他们要和藏政府的几个负责人决一生死。然而结扎仓自从因为去年的堪布事件被抄过一次之后，枪支弹药所存甚少，所以得全靠掠夺，但这到底有限，所以色拉方面一开始就取守势，并且迟早必败，这点他们自己也明白，但因为激于一时感情，并想借此挽回热振呼图克图的命运，所以还是勇往直前。

喇嘛有勇无谋 色拉寺共有四个扎仓，以结扎仓为最大，喇嘛人数，号称三千余人。事后我们知道真正参加斗争的，也许不过十分之一二，这当然基本的还是因为没有枪支；但也许领导的过分偏激，勇有余而谋不足，所以比较审慎点的，就没有参加。同扎仓的，既未一致，其余三个扎仓的，当然更没有参加。同时，另两大寺哲蚌与甘丹，亦不参加。

首次开火，是在 20 日的午后，但是藏兵方面的表现，似乎并不令人惬意，所以在 21、22 日两天，就有过几度和平谈判。据说寺方的态度非常激昂，他们说，他们曾以保护佛教向清兵向英国都作过战，而现在西藏地方政府则以怨报德，非藏方释放热振呼图克图，并将为首的格须巴、拉鲁两噶伦等与寺方的 50 名喇嘛交换做人质，那一切谈判都不愿举行。这传说假如是实在的，那寺方领导分子的过于意气用事，是很显然了。

藏政府无意和平

但有人说，色拉方面之所以如此，亦是因为知道藏政府方面的无意和平。他们相信在当局方面有极端的主战派，例如格须巴，并且藏政府一面谈判，一面早向江孜一带去调兵。所以在20日到21日之间，拉萨就开到了500名后藏兵。这说法也许不是全无根据，因为在4月23日，藏政府方面就派出了两名攻寺的总司令，正是格须巴（噶伦），副是阿旺朗杰（仲译钦波），随从中还有邦达昌。前文已说过，他亦是康巴，据说还有两位弟弟，一位在中央，另一位在西康。他亦是一家大富商，现在当着藏政府的四品官儿，据说藏方是因为知道他是色拉寺的大施主，所以利用他的势力去缓和一部分的喇嘛的。同日，又宣布了两位布达拉区域的卫戍司令，一是前黑河总管帕拉，另一是前西藏驻京首席代表阿旺坚赞。同时，又捉捕一位在野热振亲信喀托仁波且。24日全体僧官签名宣誓永远不改政制，25日全体俗官亦照办，这当然看得出官方的激烈分子，亦不亚于色拉方面。

喇嘛轻敌心理 可是在这一切之外，还有一点使喇嘛增加勇气的，是他们对藏兵的一种根深蒂固的藐视。市面上都说，一个喇嘛抵过五个藏兵，又说有的藏兵不会开枪，拿了步枪去请教当地尼泊尔代表的卫队怎样用法（这一说，后来我们知道其言过其实，不会开枪的是警察，而非藏兵）；又说藏兵兵营里的大炮，让喇嘛的敢死队抢走了，又喇嘛散布在山头看藏兵开炮，看见打不中的，就转过身来露出后部，嚷着某噶伦的名字，叫他去吃屎。这一类的不经之谈甚多，我们在此稍引几条，就够看出一些喇嘛的心理。而奇怪的是在战事进行的几天之内，市面上谣传的总是不利于官方的消息，所以后来官方严禁散布流言，据说曾剪过一个老太婆的嘴唇。

逢官兵死，亦不许家属公开的哀悼。

盼望中央速出调处　一些不负责的责难

叙述至此，有一点或许不是住在内地的人所能那么深切感受到的，就是中央对西藏的主权的内容问题。前文已经说过，一部分藏人盼望中央有所表示，以安定局面。现在色拉寺与藏当局又决裂了，一部分官民都怕波及生命财产，于是对中央的期望就更为殷切。最后色拉寺方面，虽说决心甚大，但是自知内部空虚，或许也未始不盼望中央方面出来调处，能得到一个比较圆满的解决。于是人人就问，怎么中央就不管了？为什么不派一队飞机来弹压一下，而后再叫双方和平公正地解决？

我们当然知道，这仅是些不负责任的责难。可是我们都认为中央对此应当并且一定有所表示。成为大家注意中心的，自然是那驻藏办事处。一度传说藏方拟请办事处会同驻拉萨的英国与尼泊尔代表出任调停，这话很使人相信。凭我们满口满纸的主权，而西藏当局的行为言论，可说只差一点就是独立。假如真要我们调处的话，他亦得起码邀上两位陪客，以表示他只是请友邦协助而已。当时有人去问过办事处，据说回答是绝对的否认。

事实上藏方虽无此项表示，而驻拉萨的尼泊尔代表却确有此意。据说色拉寺有六十名左右的藏尼混血儿的喇嘛，曾派代表请他出场。拉萨的商业金融，倒有三分之二左右，是在尼泊尔商人手里，所以要糜烂地方，他们是首当其冲。据传这代表曾派人向办事处的陈主任接洽过。陈主任的答词，说是事情已经报告到了中央，在未奉命令之前，一切出于个人好意的行动，怕会受到别人的误解。结果，那位尼代表就一人于22日早晨往布达拉去过一次，谈话如何，不得其详。但是当天午后的炮声，却是响于一切。

两奥国人的插曲

23号是格须巴噶伦亲自督师，攻打色拉的第一天。开炮是前几天都有的，就是从前一天午后起，炮声变得紧而响亮。于是市面上又谣传，说是有洋人在帮忙开炮。最先，被认为可能的是两个奥国人。这两名奥国人，据说原是在第二次世界大战爆发的时候，他们正在印度爬山探险，被英方作为敌侨而被禁在拘留营里的，大致在两年前，他们从拘留营逃出，在西藏的西南部一带整整漫游了一年余，才逃到拉萨。现在，算是西藏当局予以非正式的收容，其中的一位还受雇在设计一些小工程。当这谣言一传开的时候，他们就觉得于他们的地位不利，所以特地向办事处去解释，请求谅解。原来他们对这事情的看法，亦与一般人无异，总觉得这冲突是中央与藏当局的冲突，假如他们帮西藏政府去打色拉，就会得罪中央方面。其中的一位很气愤地告诉他认识的汉人说："谁不知道我们是寄人篱下，哪一方都不能得罪的。造这谣言的，不外是想嫁祸于我们，要使我们不能在这里存身罢了。"接着这说法之后，就有人说是英国人在帮忙，并有人说是亲自看见的。可是西藏老百姓对欧洲人看得不多，只要看见他们一套上西装，戴上帽子，就分不出谁是谁来了，所以就乱指一阵。再进一步说，一听见热振系方面有防范，就说是有汉人在背后，一听见藏兵的炮打得好，就说是有洋人在指挥，也许根本都是些无稽之谈。比较有点可信的，倒是驻拉萨英代表处的无线电员，一位叫福克斯的，曾去帮藏官架设兵营与布达拉之间的军用电话的事实。这位福克斯是英国伦敦人，驻在拉萨已十余年，并且已娶了一位锡金籍的太太，有了小孩了，他大概是以西藏为终身依靠的了，因为据最近传说，他已正式受雇于藏政府，将往昌都架设无线电去了。

由兴奋而紧张　从4月24日起，人心突然又兴奋了一次，原因是驻藏办事处的主任陈先生突然到布达拉去了一次。拉萨地小人少，凡有所行动，是没有不被人晓得的。陈主任在24号去后，在25日又去了一次。路人都传说，中央出来干涉了！碰巧，前一天传说，藏政府与色拉又在谈判，成败在24号看得出来。24日没有动静，25日亦没有动静，于是大家说是中央的命令生效了。直到26日的午后二三时，都仍无动静。而不料到四时左右，突然间，满城风雨，比23号反紧了许多，古札们的妇孺及细软，除已疏散的，都在那一日内送到布达拉山脚的雪里去了；全体古札都被传到布达拉去领枪，每宅二三支、三四支不等；藏官们出来已化装，快马不断地往来于拉萨与布达拉之间，并且市间遍传明晨五时正式攻寺，将由大批僧俗官员亲自督师云云。

色拉寺被占领了

4月27日，大致从早晨五时开始，炮声隆隆，枪声甚密。据说，这天本来是禁绝行人的，但是事实上，店铺摊贩一律停止营业。除八廓街空荡荡有如新年之外，路上行人还是可以自由行动的。未到正午的时候，大家都说色拉寺后的山头已被藏兵占领了。藏兵由正面攻寺甚难，但绕道攻山，决非半日内所能做到。依此揣度，藏方一面谈判和平，一面已部署大包围的形势，当是事实。但如果喇嘛的军火充足，恐怕事情还没这般简单。据后来传出，他们的军火仅足支持一天，到第二天便弹尽援绝，乃至用石子打，所以在 28、29 日两天，寺方残余的主战的喇嘛，已逃的逃，死的死，完全在藏兵的控制之下。据说这次冲突结果，藏兵死伤有六七十人，喇嘛死伤有八九十人，可是被杀的僧人恐怕大多数是不抵抗的，甚至有七八岁的小僧人在内。至于藏兵入寺后的纪律甚坏，公开抢夺，由家族来搬运回去，所以就有见财起意、擅杀无辜的事情。

两寺被劫一空　据一般藏人自己说，拉萨扎什营士兵的纪律最坏，江孜的兵士较好，而这次首先进色拉的便是扎什营兵。最有趣的是，29 日市上忽又起了一个惊人的报告，说是热振寺已起兵响应色拉，另一说是后藏扎什伦布（即班禅佛之本寺）亦已起事。一两日间，惊心动魄的传说层出不穷，尤其是关于后藏方面的说法。因为近年前藏压迫后藏为公开事实，大家信其可能，就连噶厦都决不定，特派专差赶去调查，可是后来证实，并无其事。于是彻底调查之下，才知道是一部分藏兵散布的谣言，无非眼红这两大寺的金银财宝，要借一个口实下手而已。

至于热振寺方面，确有一点小冲突，但等大军到后，也就马上无事，因为五百僧人都先逃避一空了。打头阵的，据说就是扎什营兵。本来副马基（副司令）僧官泽登有令在先，须等后队江孜军队到后，才许入寺，但是那些营兵不遵命令，在两天前便入寺，大肆洗劫，等那位马基赶到，气得大发雷霆。据一个比较可靠的消息传出，因为那位副马基和士兵们的意见不合，曾有二百士兵几乎叛变，想刺杀他，但他先拿出枪来说："我为公家，死而无怨，我亦没有妻子儿女，来吧，我们拼一下！"说完，他就朝天放了一枪，那二百士兵竟作鸟兽散。但是热振寺确是完了，经过公家私人的搜刮之后，现在只存了一个空寺。有三百左右的僧人已经回来了，还有二百逃散在各地。守寺的是江孜军队，扎什营的被军队抽调回来了，可是他们还在公开问为什么不再派他们去攻扎什伦布寺？所以有的藏人说，西藏无事便罢，一朝有事，为害藏人的一定就是这些兵。

中央曾提示两点

慢慢的，从藏方传出了中央与西藏往返电报的内容来。据说，中央命令的要点有二：一是保护佛法，勿得炮轰寺院；二是热振乃中央册封的呼图克图，且主持寻觅十四辈达赖佛有功，应加优待，并从宽发落。关于炮轰寺院，我们知道轰击得最厉害的，还是在奉到中央电令后的第二天（即 27 日）。据说藏政府对外说，炮火只打山上僧人，并未轰寺，也许，他们答复中央亦是如此。但是等事情平静后，几乎半月光景，去色拉朝香的都亲眼看见，结扎仓房屋中炮弹不下二十余处，被毁的房间有五六间，被砍去头的菩萨亦有，被散弃的经书更多，枪弹痕迹甚多。至于山背上一个小寺，除抢空了还被烧空，至今还剩个空壳子站着。其他传闻中，藏兵对于平民及僧人的无意义的残酷行为我们且不谈，至于说打了那么几天仗，色拉寺房屋蒙受的损害才五六间，因此有人俏皮地解释说，那是因为他们花不起那么多的炮弹和枪弹。有一个事实凡在拉萨的人都该留意到的，就是街头巷尾突然增加的许多地摊上面陈列的，据说就是色拉、热振两役的战利品。

热振生前颇多神话　死后受人高度崇拜

现在我们谈谈中央指示的第二点，即热振呼图克图的优待问题了。

假如我们把拉萨街头的谣言，作为一种民意测验的看法，那我们看出这古老的西藏城非但有所谓舆论，并且还有操纵舆论、宣传、反宣传的一套玩意儿。举一个最显明的例子，便是关于热振佛的言论，最先是一律倾向他，中间一度是诽谤他，到最后似乎又慢慢地同情他了。藏人最常提到的是关于他小时候的许多神异。据说他能预知未来，曾告诉他母亲说有人来接他了，就把一个木桩向岩石上一插，就插入石中以为马桩；又某次，以手浸入沸水。这类的神话甚多。但等他被囚在布达拉之后，市间忽然传出他被捕时在热振寺内被抄出一个妇人的话来。（按：热振寺还是明朝中叶建立的西藏有数的古寺，寺规甚严，妇女不许入内，连朝香都不许。）并且说，热振佛有私信给他亲信，自承已有情人，所以已不复是个活佛了。可是，这个消息在盛传了几天之后，又无形消灭了，最后被证明根本没这么一回事。等后来热振佛的死讯传出之后，一反前说的传说又甚嚣尘上，有说他确是神通，在被拘的前一天，曾告诉他的左右，到林卡去尽情娱乐，因为那是他的最后一次的“耍林卡”了。果然，第二天他就被捕来萨。另一说更为神异的，是他在被解来萨的途中，突然凌空而去，人在云端里走着，于是押解他的士兵吓得全体跪下哀告，求他下来，好让他们销差，于是他才又回到他的马上。据我们目见的人，当他被解到拉萨，与他的灵柩被抬往热振拉让公开受人祭奠三天的时候，沿途僧人纷纷跪拜叩头，乃至有泣不成声的，就是说，去祭他遗体的，也并不因为他的政治罪名而减少。

热振慷慨陈词　现在我们来谈从他被审乃至暴死的一段经过。据说，他是由藏文所谓“村蜀”即由中上级僧俗官吏组成的大会审讯的，并且在审讯期间，并未用刑。有人问他何以西藏要亲中央？他的回答是：中央与西藏在宗教地理上都无法隔离，1904 年英将荣赫鹏攻入拉萨之后，军事赔款概由中央代付，所以不啻是中央的钱赎回了西藏的身。又问他是否想用炸弹谋刺现摄政？他说毫不知情，并且说，他平生还没有见过炸弹是怎么一个形式。但最后问他是否有信给中央方面要求给予武力支持，以谋复掌政权的时候，他自承确有几个亲信人物极盼望他重执政权，但他本人并不鼓励，可是亦未加抑制，不过他确劝导过他们不要操切，并说出三个先决条件：（一）如用武力，必须先将自己的属下部署妥帖，使可以作战。（二）假如战败，哪一条是后退之路？（三）退去的地方，必须仍然可以继续他们的斗争。可是他的几个助手，例如他的札萨、喀托仁波且等似乎都缺少一点远见，所以就断送了他。

关于那炸弹是怎么回事呢？据后来慢慢传出真相，炸弹之事并非杜撰，并说那是一枚英国制造的手榴弹，但说是由某戴琫从西康带来，卖给一位尼泊尔商人，再由那商人卖给热振管家札萨的，热振佛确未预闻。现在那位尼商在长期交涉之后，已由尼方判予室内拘禁，就是准他在自己屋内自由，不许出外。（按：西藏军火买卖至今公开，八廓街上的地摊就有专营枪械弹药买卖的，假如那位尼商只经手了一度买卖，我们不懂他犯的是什么罪？）

但据说，这次审问里无意地引起了一件往事：大致在两年余前，当现在噶伦拉鲁还是仔琫的时候，曾有人在野外谋刺过他一次，当时便有好多谣传，我们且不提。而这次讯问中，那位热振亲信喀托仁波且供出，那是由他主使，但是他是听了现在噶伦格须巴说，拉鲁与热振有杀父之仇，是反热的健将，因而想谋刺他的。因为这个旧话重提，大会里的空气就有点不大像样。幸而，拉鲁很有政治家的风度，他说他对已往的不愿追究。也是因此，大家总觉得热振佛圆寂后，这笔恩怨账似了而又未了。

死后口鼻有血渍

至于热振佛之死，是在5月8日晨一时光景。在5月7日的上午，有人还看到他很健康，到下午，才有人报告大会，说是稍感不适，当天午夜之后就死了。据官方宣布，他得的是一种“风”疾，也许就是内地的所谓中风，虽经西藏名医诊治无效，于清晨圆寂，事实真相说已报告中央。第二天午后五时余，由一僧一俗护送遗体，装在一顶绿呢轿里，运到拉让。从10日起，受公众祭奠三天，民众都去朝拜，献哈达。尸体是照活佛圆寂后的规矩盘膝坐着的，脸上盖有一方绸子，绸子上有从鼻孔或是口部流出的血渍。就因为这血渍，再加以热振佛的囚室的监禁人正是拉鲁的弟弟（即龙厦的儿子），又加上他圆寂得突如其来，外间就有许多揣想之词，以及传说神话，我们不难猜度得之，姑且不提。

一等热振佛圆寂之后，藏政府的作风可说是以速了了之。案子在5月18日宣告终结，彭康父子与康商三多昌准恢复自由；色拉寺僧人被捕的约五六十名，四分之三被释；除重犯如热振札萨、喀托仁波且等被囚在布达拉下的官牢之外，其余罪犯都被判鞭责后，分发到各僧俗大户及兵营去监禁。这在西藏是额外施恩的处分。

5月19日起，藏方把热振的罪状在廊子辖前的大街上公布了七天，内有热振佛的亲笔信，以及签字的信，这种作风在西藏亦是空前。热振佛本人没有太严重的罪状，而他的左右亲信确有“阴谋颠覆现当局”的举动，而在被公布的罪状里的一条，竟是指他“勾结”中央！

几点不容我们忽视　恐怕后面还有下文

我们不愿像鸵鸟似的把头埋入沙土，而事实上我们确乎像鸵鸟，并且还埋头得相当久了。

这次热振事件有点不容我们讳言的事实，我想在此作一简单分析，以结束这篇长文。

第一，是中央在藏威望的堕损。藏当局公开地说，此案的发动是根据他们驻南京代表的报告，说是某日报披露了热振方面与中央方面的条款而引起。由于藏当局装胡羊的天才，我们无法知道这报纸的名字，更无法领教原文。假如是事实，我们就不懂关系方面为什么不对此作任何声明？藏方不理一切，而擅自处置，对中央方面有没有什么解释？假如没有，这是什么话？在事发之后，中央命令他们不炮轰寺院，他们轰了；命令他们优待热振，而热振的命不出二十四小时就完了。最后案了之后，公告热振罪状，他的“私结”中央竟被列为大罪之一，这又像是什么话？

第二，随着来的，是离心势力派的抬头。西藏对内地可说自从发生关系以来，就有这两种离心与向心的力量在互相消长。我们想到对藏的主权问题，现在是到了一个应该加以确定，加以界说，乃至施诸实际的时候了，因藏人颇似茫无适从。班禅佛爷到内地十余年，结果老死青海；热振佛内向的结果，是身败名损（按：热振从此被降为一普通的活佛，而不再是呼图克图）。派往南京的国大代表，别说谈判毫无结果，据传连签个字藏政府都不让，只送了他们好多礼品回来了。

第三，藏当局是否觉得心满意足了呢？恐怕还有下文。热振是去了，他们心目中还有一个难题，便是班禅佛的回藏问题。据说班禅第九辈圆寂后，本有三名神童，须待求鉴后决定正身。但最近班禅行辕已经决定一位了，而拉萨方面不承认。现在班禅行辕尚逗留在青海，而拉萨谣传说是要入藏，并说要武力入藏。所以现在藏方派往藏东、藏东北一带的军队甚多。难说途人纷说只是谣传，但如我在篇首所说拉萨的谣言，都不仅是谣言而已。有的人在一年前就听到现当局在俟机消灭热振系的传言，现在事实证明其并非全部谣言。

笔者在属笔之先，风闻拉萨将有一位西籍记者到来，是法国籍，据说是由藏方与英方同意要他来的。也许一两月之后，将有几篇关于西藏问题的文字被传诵于世，其中，怕难免有涉及这次政潮的报道。笔者不辞浅陋，拉杂写成这篇东西，半以记事，半以抒情，亦只是想替国人预作一个心理的准备而已。

学习藏族史

1944 年夏季国难声中，我随老师辈的沈宗濂从印度到西藏。我们有一个共同愿望，就是想把因为同内地长期隔阂而处于英帝国主义势力操纵和控制下的西藏情况，如实地介绍给大家。当时沈宗濂任国民政府蒙藏委员会委员兼驻藏办事处处长，我是他的英文秘书。他的专长是财经金融，我学的是英国文学，所以两人对藏族甚少了解，都必须从头学起。

在我们到拉萨的第二年（1945），随着抗日战争和第二次世界大战的胜利结束，沈宗濂即奉命内调，但仍兼任原职，接着办事处内又有些人事变动，于是这一“愿望”就落到了我一人身上。沈在行前把他搜集的材料交给我时，竭力鼓励我一定坚持下去，嘱我可以先写些文章，将来两人再合作写一本书。

在拉萨期间，我先后写了三篇关于西藏的中英关系问题的英文评论，一篇关于拉萨发生热振事变经过的汉文报道，送给沈宗濂看后，都在上海的报刊发表了。后来我去了印度，开始同他合作写书。我搜集的材料，凡史地人文无所不包，由我先写出个初稿，再由他删改。中间因为他去美国讲学，我就将全书用英文写完，于1952年在美国斯坦福大学出版社出版，书名*Tibet and the Tibetans*（《西藏和西藏人》）。

我在这几年的探索中，遇到的最大困难是应该如何看待藏族历史的问题。在我的认识中，要谈历史就断乎离不开政治，但应如何把藏族的政治同宗教区别开来，却确乎是个难题。尽管我有机会接触到当时拉萨的僧俗上层，有的很有学问，但他们有个共同特点，就是只谈宗教，而不谈政治，所以也就不谈历史。要谈历史，他们就从7世纪的松赞干布一下跳到17世纪的第五辈达赖喇嘛，谈时也只谈他们的宗教地位，但不谈他们的政治业绩。固然，这两个人都是很重要的历史人物，但以藏族这样一个一千三百余年来有自己文字记载的民族，难道就没有其他的人与事值得一提了吗？一位喇嘛学者曾告诉我，他们认为学问之道，有“内学”与“外学”之分，一般人感兴趣的所谓历史书，如王臣记、王统记、宗派源流、名人传等，都属于“外学”，他们不重视。据说拉萨三大寺就不让僧人读这些书。尤其使我惊讶的是，我们从外国人写的书上常见的不过四五十年前在前、后藏发生的大事，但许多拉萨人都不知道。

自从新中国成立以来，情况确乎大大地改变了。从1956年始，我们国家以空前的规模派出专家学者对全国进行了一次少数民族社会历史的调查，并陆续编出了各少数民族的历史丛书。与此同时，各少数民族的研究、教学机构也陆续建立，书、报、刊物大量发行。再具体到藏族，从中央到西北、西南，包括西藏自治区和青海、甘肃、四川、云南等有藏族聚居的省，已有了社会科学院、民族学院、学会等组织，关于西藏的历史研究也呈现出一片新气象。不久前出版了由藏族学者根据藏文史料编写，并经藏汉学者译成80余万字汉文的《西藏通史——松石宝串》一书，就是一例。让我们预祝藏族历史研究以新的姿态迈入21世纪！

当年在拉萨的几个外国人（访问纪要）

两个新闻记者，一个美国人，一个法国人。能被放进来的都有一定道理，这由管门者决定。美国人谈沿途疆域是准噶尔留下来的，我不同意。法国人说，拉萨有个驻藏大臣的影子，其他记不起来了。这是事实，我想你看到的如此，又看到的如彼，怎么样呢？

他们配合新闻记者是极高明的，国民党官员被逐时，又放进了Thomas父子。“你看，这都是第三者公平的报告”。真是“民主”“公正”“新闻事业”，但特别讨厌我们谈历史。

这些人不同于一般的欧洲人，才使我感觉兴趣。

两个奥地利人1946.7？经过拉萨，后引起的“斗争”围绕“引渡”问题。

1. 他们被指为纳粹。

2. 这就牵扯到引渡权的问题。

3. 英国要求引渡他们。

4. 他们则要求从内地出境（巧妙的一招）。

5. 我方不主张顺从英国。

6. 西藏地方当局摇摆不定。

7. 最后，一度决定引渡，但又突然终止，我不清楚决定的因素是什么。后来，英代表对他们很好。这说明，至少英方对此也不便坚持到底。其中的缘由错综复杂。

我最初对这件事的态度是观望，至少我认为不要一味依从英方是对的。后这二人被藏方雇用，测堤坝，修筑发电站，我很高兴。

奥夫施奈德的为人比较融洽，具有一定的地理知识，他早就向往东方，不喜欢西欧，性格沉默寡言，不苟言笑，但我喜欢，所以常去郊区看他。每有询问，他必指教。

哈拉，据说运动员出身，好动。我们建了网球场后，常在一起打网球赛。我知道他们处境困难，比较同情。我理解他们夹在中英之间，只能不偏不倚，他们主要接近西藏人。奥夫施奈德勤于工作，哈拉则喜欢郊游，后来成了名，写了一本书。关于他同达赖的亲密关系，外人提出质疑，对此我不太清楚，因我已离开西藏。听说哈拉现在是国际知名的电视主持，一位德国人说他已很有钱。

我在西藏时写过三篇文章，谈到平均主义，哈拉说我太客观了。这也说明，我们学习西方人的“客观”“科学态度”，不宜恰到好处，不是“左”，即是“右”。我曾开玩笑，英要取下西藏，怕也取了，但他们不取。哈拉认为这种看法“左”了，可能他看到一切并非像英人自己说的。

在此想提一人，图齐，他学识渊博，是一位语言学家，是第一位对西藏有启发的人。来拉萨会过几次面，曾笑问“不懂你们怎么有这么多的时间!”他到过雅隆，后来知道已有外国人比他先去过。图齐很有国际影响。藏学研究在国外很热门，为什么不重视东方的观点？我们不要瞎跟，要有自己的看法。有人尽管懂藏文，但不一定懂藏族史。

外国势力　迪基林卡及其他

迪基林卡为英国驻藏机构驻址

不丹、尼泊尔、英国，只有三处，并无其他。

不丹有代表，一般场合不出现，见过其子，极礼貌。

尼泊尔派了新代表，我们极熟，他爱打球、郊游，很随便，常常到我处来找我，所以很熟悉。从表面上看，对我们更接近，可能同是受欺负的人。但在藏人眼里不一定如此，这点我当时没有认识。这当然限于人、事、时间等等，不能一概而论。

英国，总有人说，英国人一到印度都坏，不一定如此，但有一定的概括性。这是殖民主义之害也，总有一种民族优越感，不容你不如此，我也看到些例子。

迪基林卡，我与往来：

1. 公事方面是礼节性的。

2. 公事一般是通译而已，应当说一般。

3. 个人方面是文学和网球。与医生夫妇，关系平平而已。

黎吉生是典型的边境官员，一心在此，聪敏，效率高，不仅是西藏通，而且对整个中国都通，他的历史观值得介绍，他是坚决的大英帝国利益的捍卫者。我们有点私交，互相借书看，在一起打球，公事则对着干。现在他又与我国对着干，不足为怪，他的影响很大。批评英政府，讥笑印政府，自以为众醉独醒，如果他早就如此，一天也待不下去。

福克斯，夫人为锡金籍，见面亦不介绍，有子女，他在藏多年，但只干业务，不太出头露面。

福特，从初到至后来，判若两人。即英国本土与英属印度的两个类型。曾到过昌都，写了一本书，一时畅销，不知现况如何？他是黎吉生与福克斯两者之间的类型。他们有礼貌，幽默，好社交，爱活动，但最后是政治的。

有人自以为懂得西方文明，也附合他们说了些话，我是不理解的。

邢肃芝君与《雪域求法记》

我第一次见到邢肃芝君是在1944年的拉萨，当时我任国民政府蒙藏委员会驻藏办事处的英文秘书，因为初到西藏人地生疏，我们只是匆匆见了一面，以后再未接触，印象不深。但我记得当时邢君已在哲蚌寺学经多年后告一段落，正准备返回内地。还记得就在那年，他去过一趟山南的扎日名山。当时正值抗日战争期间，滇缅公路被日军切断，一部分在缅甸经商的云南商人退入西藏，加上原来在拉萨的内地人此时人数已经不少，但据我所知去过扎日的人似乎不多，邢君可能是最早去那里的人，这一点不知我记对了没有。

扎日在雅鲁藏布江南，接近喜马拉雅山的主干脉，处于中印边界东段的我国珞隅北境，是当时英印政府中一些边境官员极感兴趣的地方。根据西藏的一个古老传说，公元7世纪时从克什米尔来西藏弘扬密法的莲花生祖师（藏称乌金仁波且）曾经到过那里，并留有遗迹，因而成为西藏地方普遍崇敬的佛教神山之一。在每隔十二年的猴年，就有男女信徒结队去那里朝拜，绕山一周被认为有莫大的功德。按照多年的惯例，西藏地方政府还特派官兵保护，以策安全。原因是这里已是珞巴居住的地方，在当时严重的地方封闭主义影响下，如不妥当安排，就极易引起纠纷。此外，又因为那里的交通不便，食宿困难，所以每次朝山的信徒除藏族之外，内地人就不多见。1944年正是藏历的阳木猴年，邢君能不惮艰苦，去那里一面朝礼神山，一面进行实地考察，这种精神还是颇为难得的。

我第二次见到邢君是在1946年，他来拉萨担任国立拉萨小学的校长。从此我们同在拉萨，直到1949年。

拉萨小学设在蒙藏委员会驻藏办事处的二层楼上。因为经费不足及其他原因，只是略具规模，几年来一直没有发展。这当然同当时西藏地方与国民政府的关系极不正常的政治环境有关。

据我知道，当时的民族学前辈李安宅先生一度很有意思来西藏接办拉萨小学，大家认为他是一个比较理想的人选。但不知什么阻力，使他的事一直迟迟不决，没有能够实现。又在我们到拉萨之前不久，英国人通过他们在拉萨一部分藏族上层人士中的政治影响，在拉萨开办过一个学校，校址是在吉曲（俗称拉萨河）河边的一个林卡内，由一个英国人主持，名义上是教授英语文。也不知他给学生教了些什么，这个学校开办不到半年，就被以拉萨三大寺为首的僧俗势力的联合反对而悄然停办了。我曾见到过这个英国人，他对我们这些新来的驻藏办事处人员面带愠色，极其不满。我也背后听说，当时的驻藏办事处处长沈宗濂曾在这方面起了一定的作用，详情不知。事隔不久，邢肃芝来接办拉萨小学，是否会遇到一些困难呢？这是我当时的猜测。

但是邢君到任后，拉萨小学呈现出一种新气象。无论从加强师资、充实课程以及学生人数的增加等各方面来看，成绩都是比较显著的。

原来拉萨小学的学生，主要是在西藏落籍的汉民和回民子弟，还有几名尼泊尔籍的学生附读，藏族子弟一般不来。至于贵族，以当时西藏社会的等级森严，要贵族子弟同平民子弟坐到一起上学，是违反他们的传统的。然而那年就有几家贵族把子女送到拉萨小学入学，虽然小学为他们设置了特别班，但毕竟没有引起反对意见，这也是很不容易的。固然这要同当时拉萨多变的政治气候联系起来看，但邢君旅藏多年，熟悉西藏政教制度的内情和社会风习，办事不致过分隔阂，亦是起到了一定作用的。

1949 年，我们先后离开拉萨，在印度加尔各答还见过几次。不久邢君去香港，我回祖国大陆，一别近三十八年，未通音信，只是辗转传闻，知道他后来去了美国。

直到他去年回国访问，我们才在北京见面，这是我们第三次会面了。

这次邢君来访，我有幸读到他的手稿《康藏密教访求纪行》，使我了解到认识他以前的许多情况。从他的家庭环境和他所受的佛教影响，到他决心进康藏访求密教的这段因缘，以及终于到达拉萨的经过，旁及沿途景物、地方掌故、时事见闻等等，书内都有较为详细的记录。尤其是他从康定、甘孜，经昌都、工布江达以达拉萨一路的艰难困顿，不仅使人看到这高寒地带山川险恶，旅途除了驴马皮船就靠步行的自然条件的困难之外，还夹杂着当时因为西藏地方与内地微妙的政治关系而设置的种种人为的障碍，这些都略具梗概。这对生活在今天祖国大陆已真正统一，现代化交通工具飞机、汽车、轮船几乎到处可以直来直往的年青一代说来，都是无法亲自经历和体验的，因而是很值得一读的。

至于对我个人而言，邢君此书把我带到四十年前的一段生活回忆中去，其中有些人物和事件我都略有了解，这是我个人欣赏的一点。其次，我认为他所以把书稿带回中国来出版，是否多少带有“寻根”的意思，这亦是我个人欣赏的一点，但不知我猜对了没有。

1988年3月25日

向昨天告别

记 1949 年我离开西藏的经过

我于 1944 年秋进藏，1949 年秋离藏，在拉萨生活了整整五年。离开西藏时，发生了西藏地方政府遣送国民政府人员出境的所谓“驱汉事件”。常常有人问我这次事件发生的经过，这使我很为难，因为事实上当拉萨发生这一事件时，我已辞职到了亚东边境，正在准备经锡金去印度的途中，我是到了锡金首都甘托克才听到这消息的，事前可说是对此一无所知。

这当然会引起下一个问题，我又为什么在那时候辞职去印度呢？这里涉及一些个人的琐事，本来不值一提，但现在回忆这段经过，还是觉得这里有几处可以从侧面反映当时拉萨同国民政府的关系，所以还是决定写出来，以供参考。

我住拉萨五年，一直担任国民政府蒙藏委员会驻藏办事处的英文秘书一职，凡与我职务无关的事情，很少过问。但即以我见闻所及，也可以看出办事处同西藏地方当局之间的关系，基本可以分成两个阶段。

大致从 1944 年我们和沈宗濂入藏算起，到 1946 年初他离开拉萨去南京“述职”为止，作为一个阶段，这是我们走顺风路的日子。从这以后，我们就慢慢走上逆风路，直到离开。这倒不是把沈宗濂一人的去留看得太重，而是需要同当时整个国内形势结合起来，才看得比较清楚。

1944 年中、美、英三国举行开罗会议之后，中国的国际地位一下被抬高到世界四强之一，同时印度的独立运动也正进行得轰轰烈烈。1942 年初，蒋介石访问印度，他在加尔各答会晤了被尊为圣雄的甘地，发表了一篇支持印度独立的讲话。这在几乎与世隔绝，但一贯把整个世界看成只有一个“英吉利”的拉萨上层人士中，激起了一层小小的波澜。到 1945 年，我们又赢得了八年抗战的伟大胜利，日本投降，这一切无疑为我国解决所谓西藏问题，创造了过去从来未有过的有利的国际条件。

沈宗濂刚到拉萨时，似乎也很想有一番作为。大概给重庆国民政府上过一份意见书，其中一点是如果中央权力不能直接到达西藏，那么一切解决西藏问题的努力，只是徒劳。这里他可能暗示了应当先对青海、四川、云南三省的地方军阀势力施加适当的压力，才是解决西藏问题的前提。但是重庆方面马上回电，告诫他到任之初务必慎重，要广为接纳，往往不可操切从事。其中有一份戴季陶给他的私电，有两句话留给我的印象最深，是劝他“以无事为大事，以无功为大功”。他接到这个电报就让我们看了，我猜想，一方面他是表示要挽回藏局，决不是他一人微薄的力量所能胜任；另一方面也是借此向我们透风，让大家不要过急，以免惹起麻烦。

所以沈宗濂在拉萨一年多，仅忙于对各方酬应往来，联络感情。拉萨官场本来就重视这一套，以那时的宴会标准，起码是一天（当然名为一天，实际是半天），而且要按照西藏的官阶级别、机关大小，分期分批地轮流举办。我们是新到，理应去拜会送礼，而后是对方接风还礼。无论是对方请我们，还是我们请他们，都要分等级，按机关一一对应照办，这样往返循环，往往一连就是十天半月的时间。再加上西藏地方节日之多，和个人喜庆之繁，那就更忙。真个是朝朝宴饮，暮暮笙歌，一派升平气象，这不但在当时抗日战争烽火连天的祖国内地少有，就以处于第二次世界大战阴影下的世界其他地方来说，怕也是未必多见的了。

尽管沈宗濂是这样忙忙碌碌应酬往来，似乎没有干多少其他事情，可是等国民政府迁回南京，他在1946年初去内地述职的时候，却悄悄把第十四辈达赖喇嘛的一个哥哥（俗人）嘉乐顿珠带走了，这在拉萨成了一大新闻。

如果我记得不错，嘉乐顿珠那时十四五岁，按照清代旧制，如果他是达赖家属在俗（即未出家为僧）的长男，他是可以封公爵的。不过当时达赖的父亲尚在，而且民国也没有这种封爵了，但大家还尊称达赖父亲为佛公，多少有沿袭这一旧称的意思。当然封了公爵，也只是一个虚衔，并不意味着掌握实权，不过他的名分地位就应排在包括噶伦在内的一切西藏僧俗官员之上，等一朝达赖成年，正式"管事"（这是清代官书上用的术语），那么这个"公"的地位和影响就可能在西藏起到很大作用，这是当时一般人的一致看法。

然而结合当时西藏地方的实际情况来看，问题并不这样简单。大家知道第十四辈达赖喇嘛一家都来自西宁，他们到拉萨不过五年，而且达赖本人年幼，离成年还远，家人还没有在拉萨扎下根来。虽然西藏地方政府照例拨给他们不少庄园，据说有上万名的农奴，并住在拉萨布达拉宫东面一个很有气派的院落内，然而在当时的西藏地方政府内部，这佛公一家还不能起到什么作用。我除了在正式典礼中，看到佛公照例排在四名噶伦的前面之外，就以上面提到同驻藏办事处那么多的往来酬应而言，尽管拉萨上层贵族也有派系之分、亲疏之别，我在这家碰不到的人，在别家总会遇到，唯独佛公一家，在我们同拉萨贵族的公私宴会或一般访问中却从未碰到过。反之，我几次去参加佛公的宴会或到他家访问时，也从未见过哪家贵族，特别是有声望的贵族在场，这说明他们之间的关系还是比较疏远的。至于佛公本人，还是满口的青海方言。尽管他在西藏地方拥有这么多的庄园，这么多的农奴，衣食享用都比他过去好了多少倍，但是他在言谈中还念念不忘他的老家西宁，以及西宁的澡堂子，等等。这对当时拉萨的某些贵族来说，好像有点格格不入。这可能也是达赖家属同当时拉萨贵族之间所以不多往来的一个理由。

无论如何，沈宗濂这次突然把嘉乐顿珠带往内地，这在拉萨引起了各种不同的反响。据我所知，这事情不但出乎当时拉萨当局的意料，也出乎在一旁小心注视着一切动静的英国代表的意料，而且甚至也出乎我们驻藏办事处人员的意料。事后，我就问过继沈宗濂任办事处处长的陈锡璋，他告诉我此事事前他也不知道。办事处内就有人提出问题，像这样做法到底是否明智？更有人不加含蓄地说，以后的事情是否会不好办了？

以我观察到的情况来说，办事处同拉萨地方政府的关系，虽没有从此变坏，但至少不像前一阶段那样热乎了。

当然原因绝不只是这一个。抗战胜利后，大家盼望能过一段太平日子，想不到又落空了。蒋介石急于要打内战，结果是越打越大，越打越无法收拾，终于逃往台湾，这是最根本的原因。可是对沈宗濂说，他似乎从此销差留在内地，再也不回西藏，像我们开玩笑时说的，去当蒙藏委员会驻藏办事处的驻京处长了。

大凡旧中国的官场有个风气，一个主管来了，带一批人，到下一个主管来了，又带一批人，这叫做“一朝天子一朝臣”。依当时情况而言，既然沈宗濂再回西藏已不可能，那么像我们这样跟他一起进西藏的人，自然要考虑到自己的进退问题。我们大多同蒙藏委员会原来没有关系，而且也都无意在西藏久留。时间一年年过去，也有些同事陆续内返了，留下来的多少是因为后续无人。而况在一段时间内，沈宗濂还兼有蒙藏委员会委员和驻藏办事处处长的名义，所以大家也有点观望。就我个人而言，那时还比较年轻，慢慢地对藏族的历史、文化、社会风俗等方面产生了研究的兴趣，我想拉萨正是一个最理想的学校，我既没有更好的地方可去，就索性静下来看看书，学习学习也无不可，但却万万没有想到这一住又住了几乎三年之久。

那么究竟是什么原因促使我终于辞职，而一走了之呢？回忆起来，有下面几件事起到了决定性的作用。

1947 年发生了“热振事件”。在事件发生之初，我并没有给予重视。热振呼图克图，我只见过一面，那是 1945 年他来拉萨时我们跟沈宗濂去拜见过他，并在他那里吃了一顿饭。对他过去的事迹，我亦不甚了解。以当时拉萨这样一个没有任何新闻媒介的地方，谣言就特别多。事变前的几天，拉萨已传开各种不利于热振的流言。我想，热振主要在热振寺，离拉萨有两三天的马程，如果有谁对热振有什么不利的意图，像这样预先广为传播开来，还能起到什么作用？但到后来事变果然发生，而且有些情节同外间谣传的大致不差，这才使我慢慢重视起来。因为身在拉萨，日有见闻，而且事件还不断有新的发展，于是决定把每天的见闻所及记录下来。记时虽只片言只语，但逐日积累，待事件告一段落，也积累了不少现成材料，足够写一篇专题报道了。

于是我就在住所写出一篇事变经过，主要是把自己看到的和在拉萨可说已是路人皆知的情况，汇总贯穿，既没有外出私行采访，亦没有看到一页办事处的内部材料，但是这中间也难免渗入一些表达我个人思想和感情的词句。我认为我写的无非是些街头巷尾之谈，毫无机密可言，我既写了当然由我个人负责。写完后恰巧有便人回内地，我就署了一个笔名，托他带给当时已改任上海市秘书长的沈宗濂，请他处理。

这样，过了很长一段时间，我都几乎把这事情忘掉了。有一天我去处里同陈锡璋谈话，他告诉我，几天前噶厦曾派一名汉文秘书来见他，说有人在内地报纸上发表了一篇关于热振事件的文章，噶厦极为重视。这位秘书说，他们敢于断言，写这篇文章的人绝不出基度巴这个房子（按：基度巴是当时驻藏办事处所在地的房名，拉萨习惯用房名来称其户主），只是还不能确定究竟是谁。他说，陈处长如能把名字告诉他的话，他答应一定不说出去，并且他还把这句话重复了一遍，以加重语气。陈在讲完这段经过之后对我说，他实在猜不透这人究竟是谁，不过根据编者按语中说的，作者曾在拉萨住过几年这句话来推测，是不是我处刚回内地的什么人写的。

大约在这事发生前的不久，蒙藏委员会曾有一个电报给办事处说，以后凡有人从拉萨返回内地时，请务必注意不要沿途对外随便发表有关西藏问题的个人意见，这使我觉得有说明事实的必要了。我问他这是一篇什么样的文章？他说，开头部分作者说是一天他同友人在拉萨河边一起散步，突然有人来报告，说是拉萨市内戒严，发生了事变，等等。我当即告诉他，这篇文章是我写的。他听了大为惊讶，连说真没有想到，真没有想到。但他既没有再说下去，我也没有再问下文。

从这噶厦来人的语气，不难听出他们对这篇文章感到有点恼火，然而以他们惯有的礼貌和办事谨慎，先派人来通个信息，说明他们大体已经猜到这人是谁，至少是把范围已经摸准了。他们非常巧妙地用一名普通秘书的口吻说，只要让他知道了，他保证不说出去。这是一句不太寻常的话，既可以说是警告，也可以说是恫吓。这里包含的意思是，如果他说出去了，可能对这个作者会有所不利。然而他们万万没有想到陈锡璋确乎不知道，而且他就这样干脆答复对方了。

以我当时满脑子的民主、个人主义和言论自由的思想，我丝毫感觉不到自己有什么错误的地方。而且在这以后，陈锡璋同我之间，再也没有提到过这个问题。然而事后想想，我确乎有点后悔，想我写后应当告诉他这件事，好让他思想上有个准备。这事情以后如何发展，不得而知，但如果对方再来追问，他该如何答复对方？这岂不是给他留下一个难题？这是我感到对不起他的地方，也是叫我产生离去想法的一个根由。

事隔数月，沈宗濂来信了，我才知道我的文章已由他送给上海新闻报发表，并附来了剪报。记得这天的新闻报是用整版或用两个半版一次登完，标题和副标题是他们加的，并在文章前面写了一段按语，说作者曾旅藏多年，熟谙藏情，所以文章是如何详细可信之类的话，这才使我恍然大悟为什么藏政府既能肯定作者不出基度巴院内，但还决不定究竟是谁的一个理由。然而这已是几个月后的事情，几个月来却一直无声无息，我也就不太重视了。

大致与此同时，究竟孰先孰后不一定记得很准确，我又遇到了一件很不愉快的事情。

1947 年印度独立，对此我是有一点个人想法的。第二次世界大战期间，印度争取独立的浪潮奔腾汹涌，尽管丘吉尔在一次会议上说过“我不打算当一名清算英帝国的第一任首相”，然而现在终于成了现实。我非常钦佩甘地、尼赫鲁领导的印度独立运动，认为这是我们亚洲人共同的愿望。我还相信，中印两国推翻西方殖民主义统治之时，也就是我国西藏地方摆脱英国势力控制之日。

这使我想起 1908 年 4 月 20 日清政府议约专使张荫棠和西藏噶伦擦绒·汪曲结布作为一方，同英国议约专使韦尔敦作为一方所签订的《中英修订藏印通商章程》。这个不平等条约的第十三款规定：章程从签字之日起，每届十年，双方可在六个月内提出修改；如不提出，即继续生效十年，以后每届十年，都如此办理。我想 1948 年转眼就到，这个条约将满第四个十年，而条约的对方已不是一个殖民主义的英国，而是一个赶跑殖民主义的印度，这不是一个重定这个条约的最好时机吗？我就照这个意思，写了一个签呈给办事处，办事处也就照此转报上去了。

事隔多久，想不起来了。一天我到办事处去，他们让我看外交部的一个来电，大意是：关于外交问题，外交部自会统筹安排，无需办事处代为提出，并指出我们去电所称英印政府一词应改为印度政府，嗣后应加注意等等，大意如此，具体措辞已记不清了。这不啻是一次“体面的”申斥！

究竟是我们去电用了英印政府，所以来电叫我们应改称印度政府，还是我们去电用了印度政府，来电要我们改称英印政府，我记不清了。只记得，去电时正是英国向印度转移政权的时候，而按以前习惯用法，包括英印官方文件在内，英印政府和印度政府两个名词，是可以交换使用，并无区别的。

按说，从辛亥革命以来至此时，历届政府对正式签订的对外条约的一贯立场是一律尊重，而唯有对一切地方或私人签订的密约，才坚决不予承认。上述1908年的通商章程，虽然不平等，但是一个完全合乎国际手续签订的正式条约。现在根据这个条约的第十三款，提出重订，也就是用以反证后来在西姆拉会议期间，英人诱使西藏地方当局私订的任何密约应该一概无效。驻藏办事处作为边疆第一线的机构，提出了这个问题，究竟有什么错呢？有意思的是，据说他们后来亦是那么做了。

我当时看了电报，愈想愈反感。这使我想起上文提到的，在进藏之初看到那份电报中说的，要“以无事为大事，无功为大功”的政策性指示。我想，我写了那篇关于热振事变的文章，可说已经是无事生非，现在又提出了一个应当只属于外交部管的问题，岂非又犯了邀功之嫌？我想算了，还是走吧。这样我就一面提出辞呈，一面与印度国际大学联系，准备去那里做点研究工作。我对加尔各答的孟加拉亚细亚学会收藏关于西藏的图书之丰富久有耳闻，这次准备去那里做点个人兴趣所在的研究工作，应当是可以的。还有两点值得一提的是，我早同沈宗濂约定合作写一本有关西藏的专书，一直没有时间着手，现在正好去印度把它写出来，这就是后来在美国出版的《西藏与西藏人》一书。

其次，我相信叶落归根，我迟早是要回内地的。我当年是经印度到的西藏，现在是经印度返回内地，印度可说是我的必经之路。但事情又拖了一段时间，直到一次办事处向蒙藏委员会去电催促速派继任人员时，蒙藏委员会复电说，继任人选虽已内定，一时恐难来藏，但该办事处已经正式提出辞职的人员，不妨先走。这样我就决定行期，束装就道了。

记得临行前，碰到印度办事处的一个熟人，他问我，听说我要离开西藏了，准备几时回来？我说，没有这个打算，因为我辞职了。他听后露出十分惊讶的样子，其实，他是早该知道的，我是几个月前向印度政府提出申请入境居留，准备到国际大学做研究工作，并已得到允许的。这一切都是通过他们办的手续，他不可能不知道，大概只是想试探一下，我是否还有别的情况。

又记得那次办事处替我向噶厦办理乌拉马牌，回信时间也拖得比平时略长一些，是经办事处派人去催促之后才取到的，是否中间也发生了一点故障？

但这些都是事后诸葛亮的想法，而我在当时一点感觉不到有什么异乎寻常的地方。一路上我也是按站行走，沿途停留，只是到了江孜，按照我们惯例，准备发个电报给拉萨办事处，报告一路平安的时候，当地的西藏电报局说是因为线路断了，暂停发报。这在当时的西藏也是常有的事。等到了亚东，我会见当时印度驻亚东商务代理处的主管时，问起通往拉萨的电报有无恢复，他说他不知道拉萨有不通电报的事，并马上叫进一个办事员来询问，才得到证实。很可能，他是真的不知道。

次日，我到了锡金首都甘托克，遇到了我们在拉萨熟识的一位王室成员，这才知道拉萨发生了遣送国民党人员一律离境的事情。如果不是在甘托克听到这个消息，也许我要到印度加尔各答才会知道，对这位王室成员我是非常感激的。

这就是我在 1949 年离开西藏的一段经过。

一个月后，我同从拉萨撤出的办事处人员等都在噶伦堡和加尔各答见面。但当时因为有国民政府的大使馆及总领事馆替他们办理过境手续，我又不住在加尔各答，会面机会很短，而且大家情绪不好，我也不想多问当时拉萨的情形，以后就更不想谈了。

以我当时的政治水平，我把多年来被称为“国共之争”的历史，多少看作是我国内战史上的一页，根本不认识这场革命的意义。对国民党的失望是早已有之，但对共产党的信心，还是后来的事。记得 1938 年我从上海到大后方四川之前，曾在静安寺路马路边的一个地摊上，买到一册印刷在极粗糙的土纸上的《西行漫记》，后来知道这就是埃德加·斯诺写的《红星照耀下的中国》的汉译本。我当时读后深为惊讶，虽一时还不敢全信，但对国民党的许多宣传，却愈来愈怀疑了。

解放战争时，我一方面十分惋惜一个对我国十分有利的解决西藏问题的国际时机，又被内战打跑了，但另一方面也还比较冷静地看出，以当时国民党军队之多，美式配备的武器之精良，以及我能理解的国际形势之有利，却是天天败阵，有如江河日下，一泻千里，这难道还不足以说明有个民心向背的问题吗？

1949 年我离开西藏时，对自己的未来，还是一片渺茫，但对自己的过去，却多少有了一点认识。我到印度也是想在那里观望一下，再决定下一步的行程。我在印度三年，可说一年胜似十年。在这短短的时间内，中国大陆已基本统一，而且面目一新，但中间因为抗美援朝的战争爆发，而使我再度陷入迷茫。记得一次我去加尔各答，一天清晨在乔凌奇大街上，看到英文早报上一排醒目的大字标题：中国人（指志愿军）再次突破美军防线，美军后撤。我买来读后兴奋无比，因为这是我有生以来第一次看到中国军队不是打内战，而是反抗洋人，并且是当时最不可一世的美国军队。那时，我也提不出太多的政治要求，但有两条：一条是做到统一中国，另一条是不再向洋人低头弯腰，真正独立。不管是谁，凡能做到这两条的，我就拥护。这虽是件小事，但至今不忘，好像是我生命史上一条分界线似的东西。

回顾这段生活，已三十余年，很多事情已不那么清楚了，唯有这几个片段还历历在目。我在写完这篇回顾之余，需要替它取个题目，觉得还是名之《向昨天告别》较为确切。

1984 年 10 月 22 日

"商上"

商上一称初见于清官方文献，大约从乾隆时开始，是清政府用以指西藏地方政权组织的汉称。例如《清实录》光绪三年（1877）正月庚申条："驻藏大臣松溎奏：济咙呼图克图掌办商上事务一年期满，恳请赏给敕书。得旨，现在达赖喇嘛之呼毕勒罕未经出世以前，所有商上事务着该济咙呼图克图敬谨掌办。并加恩赏给达善名号。"① 文内的商上即指西藏地方行政系统，所谓掌办所有商上事务就是掌办西藏地方政权的所有事务。

然而对商上这一名称的由来，史书没有记载。有人说是出自蒙古语，但大多数人认为"商"字出自藏语。"上"字是汉语的附加字，合成商上。主张商上出自藏语的，又有两种解释。分述如下。

一种比较常见的是说"商"即藏语"商卓特"或"强佐"（ཕྱག་མཛོད）的前一个字的译音；"上"是汉字。藏语商卓特的意思是掌库，如清代文献中常见的商卓特巴，意思就是掌管财库的人，再加以引申，也就是主管一个地区钱粮财赋的官员。在一个较大的封建领主之下的这样一名商卓特巴也往往是负责这个领主所辖地区一切内外事务的总管。假如这是一个较大的领主，这个总管的权限也就很大，远远超越了管理钱粮财赋的范围，他所主管的机构也组织完备，成了一个雏形的地方政权。

① 西藏民族学院历史系编：《清实录·藏族历史资料汇编》第五册，1981年，第1720页。

这样的商卓特巴不仅拉萨有，其他藏族地区也有。有的汉文记载把它称为仓储巴，这“仓储”二字就是“商卓特”或“强佐”这个职称的不同译音，“巴”是人，也就是主管者的意思。

以上只是对商字的解释，所以商上这个名词不能同商卓特巴等同起来，因两者不是一回事了。

例如《清实录》乾隆五十五年（1790）九月乙酉，军机大臣会同理藩院议复鄂辉等酌议西藏事宜奏折，内有一条说：“达赖喇嘛商上仓库向系商卓特巴专管，出入俱用达赖喇嘛印封，请嗣后零用物件仍交商卓特巴支用。”

又，乾隆五十七年（1792）十二月辛卯，军机大臣等议复大学士两广总督公福康安等奏筹酌善后章程第二条，关于拉萨的地方官员等级及拣放升补的规定指出：

“查噶布伦办理一切事务，戴绷管领番兵，商上孜绷、商卓特巴总司出纳，缺关紧要，不可越次补放。即各缺营官，管理番民，亦应拣选补充。请嗣后噶布伦缺出，于戴绷及商上孜绷、商卓特巴内驻藏大臣会同达赖喇嘛拣选正陪奏补。”①

又如《卫藏通志》卷十四下，有一则未注年月的驻藏大臣限制西藏官员滥支乌拉的告示，其文如下：

“为通行晓谕事，照得商上所属各处百姓，穷苦者多，而乐业者少。访查其故，皆因差事繁多，而钱粮间有加倍征收所致。如大家人户遇有应当商上差事，不但藉其势力得以免派，而私用之乌拉，尚得派于穷民，以

① 《清实录·藏族历史资料汇编》第三册，第1352—1353页。

致力不能支，日渐寒苦，殊非体恤之道。”

于是告示申明了关于限制征用乌拉牛马人夫和禁止各种额外需索的规定之后，结尾说：

“合行出示，遍贴晓谕，为此示仰商上所属营官、第巴、番目、番民人等一体遵照毋违，特示。”①

非常清楚，这里几处提到的商上是指拉萨的地方政权这个总体，而商卓特巴只是其中一种官职，有如孜绷、营官，等等。二者不能混为一谈了。

不过也不宜将商上一称看作是专指拉萨的地方政权组织的专有名词，因为它同时也可能被用来指其他类似的地方政权。例如《清实录》载：

“乾隆五十七年（1792）壬子十一月丙午又谕，前降谕旨，令将扎什伦布商上每年所得羡余，分给前藏所管唐古忒番兵，俾资贴补。原因扎什伦布商上素属丰裕，而派往后藏唐古忒兵丁，系为保护班禅而设，是以酌为调剂，令将盈余分给前藏兵丁，共沾余润，同心固守之义。今据福康安等奏，该处商上自经兵灾之后，迥不如前，一时元气未能骤复，自不必强其分给，所谓彼一时此一时也。”②

上文指明的扎什伦布商上是班禅额尔德尼所属系统，与前面说的达赖喇嘛属下的商上不是一事。因此在这同时期的几次上谕中，有时提“达赖喇嘛商上”或“前藏商上”，有时提“扎什伦布商上”或“班禅额尔德尼商上”，更有时提“布达拉、扎什伦布两处商上”或“前、

① 《卫藏通志》（下），商务印书馆，第376页。

② 《清实录·藏族历史资料汇编》第三册，第1343页。

后藏商上”等，都足以说明商上一称有时还须结合上下文义来断定它究竟指哪一处的商上。不过总的说来，应当肯定清政府官方文书中所称的商上，一般是指达赖喇嘛商上或前藏商上。

还有一点，把商上的商字解释为藏语的商卓特或强佐的前一个字，也有它不可取的一面。因为藏语中唯有在商卓特或强佐连念时，第一个字才近似汉语译音的商或强，但在其他情况下，例如布达拉的孜商卓特或孜强佐རྩེ་ཕྱག་མཛོད可简称为孜恰རྩེ་ཕྱག，大昭寺的拉让商卓特或拉让强佐ལྷ་བྲང་ཕྱག་མཛོད可简称为拉恰ལྷ་ཕྱག，这里的ཕྱག都应读成恰，而不是商或强了。这是藏语中一种经常会遇到的情况。即使清代官吏对藏语名词的译音都往往不准，有时是同字异译，有时又异字同译，然而对这样一个常见的重要用语，竟如此轻率，使人感到似乎还有做进一步探索的必要。

以上是把商上的商字认为是藏语译音的意见。另一种意见也认为商上一词来源于藏语，但它不是译音，而是译意。

主张这一说的认为商上就是汉语的山上，但因为感觉山上的字面不雅才改写成商上的。主张这一说的虽然人数不多，而且似乎稍涉牵强，但亦不能说毫无理由。

道光二十四年（1844）十月初九日驻藏大臣琦善和帮办大臣钟方查办诺们罕一案的奏折内，附有西藏僧俗所具的甘结，其中一连提到山上商卓特巴、山上卓尼尔、山上业尔仓巴等职务，① 足见山上一称还是有根据的。不

① 《军机处录副民族类》，国家第一历史档案馆，资料号：955/11。

过这里需要一点解释。

我们知道布达拉建筑在红山之上，拉萨藏语每称布达拉为孜布达拉，རྩེ་པོ་ཏྲ་ལ།，或简称为孜རྩེ。汉语就将这孜字意译为山，或山上，所以称布达拉山，或布达拉山上。布达拉是五辈达赖喇嘛以后历辈达赖喇嘛所居，那里有几个官职同拉萨大昭寺内的俗官官职是同类性质并且同一名称的，例如上述管理钱粮的商卓特巴，总管一般事务和传达号令的卓尼尔，以及负责日常杂务的业尔仓巴等，两处都有。不过凡属布达拉山上的这些官职，前面冠一孜字。所以上面说的山上商卓特巴就是孜商卓特巴རྩེ་ཕྱག་མཛོད་པ།，山上卓尼尔就是孜卓尼尔རྩེ་མགྲོན་གཉེར།，山上业尔仓巴就是孜业尔仓巴རྩེ་གཉེར་ཚང་པ།。但因为这些官职比较小，一般清代公文中就不细分，也不常见了。

但是即使这个解释能够成立，亦只能说明山上是藏语孜的意译，并不足以说明就是商上。而况道光年间，商上一称早经用开，愈来愈明确地指达赖喇嘛商上，此时又何必另用山上这一名称呢？

另外，是否还有更好的解释呢？

乾隆十六年（1751）三月初四日，策楞、兆惠、那穆扎尔、班第四大臣有一个关于处理珠尔默特那木扎勒的逆产的奏折，其中与本文无关的部分这里不提，只把有助于说明本文所讨论的问题的若干语句，摘录如下：

“……钦奉上谕查办逆产一件……约估数目，逐一分别声明应行归还达赖喇嘛仓上各物，计值银三万九千四百余两……并应归还达赖喇嘛仓上以及赏回朱尔默特汪扎尔各物……”

又说：

“臣等公同确查得藏内所属人民均隶达赖喇嘛属下，即放一喋巴等官，亦不过分管其地方之钱粮，人、地仍属达赖喇嘛仓上，与内地蒙古连土地人民分封者有间……今已查明颇罗鼐父子近径私占达赖喇嘛仓上交纳差赋之达克载、撒木丫、凌温等四处所交差徭银共值一万六千余两，应仍归还达赖喇嘛……”①

上面一再提到的达赖喇嘛仓上，就是指达赖喇嘛商上，说明乾隆早期有仓上的写法，但到乾隆晚期，这个写法改了。例如乾隆五十五年（1790）八月戊辰查询西藏地方官员舞弊及行为严重失检的上谕，内有一段文字如下：

“……但今达赖喇嘛之兄弟、商卓特巴等肆行舞弊，占人地亩，转尊重素不敬重黄教之红帽喇嘛，令与第穆呼图克图、济咙呼图克图等同坐，且与众喇嘛敛取银两，并将达赖喇嘛商上物件亦有亏缺，来藏熬茶人等应得路费，亦皆减半发给……殊失人心……于达赖喇嘛毫无裨益……”②

又，同年九月乙酉，军机大臣会同理藩院议复鄂辉等酌议藏中各事宜的第四条，有：

“……嗣后赏给田庐、蠲免差务等事应给执照者，务令噶布伦等与济咙呼图克图商定后，再禀达赖喇嘛发给，仍禀知驻藏大臣。再，达赖喇嘛商上恐有夺人田产、赏

① 《朱批奏折4》，国家第一历史档案馆，资料号：1302、8，9。

② 《清实录·藏族历史资料汇编》第三册，第1112—1113页。文内所指系第八辈达赖喇嘛之兄洛布藏多尔济与其弟洛布藏根敦扎克巴等人，于乾隆五十五年奉召入京查问，次年奉谕回藏。

人入官等事，现交济咙呼图克图、噶布伦等清查，禀知达赖喇嘛。内有应行退还原业者，令达赖喇嘛、济咙呼图克图发给执照退还；其不应退还者，入于达赖喇嘛商上，以为公用。”①

上面几次提到的达赖喇嘛“商上”，就是策楞等四人奏折中的达赖喇嘛“仓上”，也就是指拉萨的地方政权。

关于仓字这一用法，还可以清代晚期其他藏族地区的另一文件，作为旁证。国家第一历史档案馆有宣统元年（1909）三月二十九日理藩部喇嘛印务处的一个呈文，纸已残缺，有的字迹不清了，这里摘录其完好部分如下：

“喇嘛印务处为呈报事，据阿嘉呼图克图仓呈报，阿嘉呼图克图圆寂，并呈棍布穆庙徒众……相应将原递蒙呈一纸、蒙文一件，一并呈报大部查核办理……”②

文内的棍布穆庙即西宁塔尔寺，阿嘉呼图克图是塔尔寺的活佛。文内阿嘉呼图克图仓的“仓”，与上述乾隆早期所称达赖喇嘛仓上的仓，和乾隆后期所称达赖喇嘛商上的商，同为一字，都是藏语ཚང的译音。译意为家，或居处，扩而大之，可指一个集体，一个组织，或现代语中的一个法人。最常见的例子，如寺院组织中的僧院，名为扎仓གྲྭ་ཚང，原西藏地方政府组织中的秘书处，名为译仓ཡིག་ཚང，再如以封建领主命名的经济政治单位如热振仓རྭ་སྒྲེང་ཚང、打扎仓སྟག་བྲག་ཚང、邦达仓སྤང་མདའ་ཚང等等，不一而足。即使最尊贵者如清帝室亦可称之为共玛仓གོང་མ་ཚང。这同称达赖喇嘛仓上或达赖喇嘛商上是一个意思。

① 《清实录·藏族历史资料汇编》第三册，第1118页。

② （清）《理藩部》，国家第一历史档案馆藏，资料号：1523/580。

仓上是早期写法，商上可能是到乾隆后期才写定的，并愈来愈明确地用以指拉萨的地方政府了。

又查雍正与乾隆之交，有一个由副都统马腊等人呈送报销雍正十三年护送第七辈达赖喇嘛自泰宁回拉萨按站供应及乌拉脚价的奏折，内有三处分提“自查木多至藏俱系达赖喇嘛之尚内所属”，“自洛隆宗至藏俱系达赖喇嘛之尚内所属”，“自沙处河至藏贰拾站俱系达赖喇嘛尚内所属地方”。[①] 这里所提尚内的尚，应当就是藏字ཚང的译音，但乾隆朝仍未采用，而是先改为仓上的仓，后写成商上的商。从此确定。

至于清代公文中某些从此派生的简称，如“商属”“商田”“商库”，或径称“商”，这些商字指的都是商上，比较明白，但有的如“内商”“外商”等等则又指的是库，有别于商上，不能拘泥字面，而需要结合上下文义来解释了。

1986 年 7 月 14 日于北京

① 《军机处录副民族类》，国家第一历史档案馆藏，资料号：914/3。

一组手稿

马吝——第一个到拉萨的英国人

汤姆斯·马吝（Thomas Manning，1772—1840）1772 年 11 月 8 日生于英国脑福尔克（Norfolk）一个牧师家庭。他一生事迹平平，未留下重要的著作，但因为他以一个普通人的身份于 1811 年进入拉萨，成为第一个到拉萨的英国人，所以西方人士，尤其英国人每谈到同我国西藏发生往来经过时，无不要提到他，并给以相当高的评价。

根据有关他一生的有限记载①，可了解到马吝自幼聪颖，才华出众，18 岁入剑桥大学攻读数学。在校时，他就发表过两卷本的《代数导论》和一篇有关算术的论文，毕业考试，名列前茅。但因为他一贯反对学校规定的起

---

① 关于汤姆斯·马吝（现译为托马斯·曼宁——编注）的生平，主要根据：

Markham，Clements R. *Narratives of the Mission of Gorge Bogle to Tibet and of the Journey of Thomas Manning to Lhasa*，London，1876，引言，Clix-Clxv. 以下简称 M. 书。

Anderson，G. A. *The Letters of Thomas Manning to Charles Lamb*，New York，1926，第 15—16 页，以下简称 A. 书。

誓和考试制度而断送了他在剑桥的前程，离校时，竟未取得一个学位。

在剑桥时，他对汉语文和中国文学产生了浓厚的兴趣，立志不惜任何代价来中国，对中国的社会思想和民情风俗作第一手的调查研究。他除在伦敦跟一华人学习汉语之外，又利用法国革命后爆发的英法战争方告一段落，到巴黎从名师受业，学了三年汉文。到 1803 年，英法战争再度爆发，他和一些留在法国的英国人全被扣押。但因为法国政府中的某些显要人物十分重视马吝的才学和他想来中国进行研究的计划和志愿，出面代向拿破仑说情，得以释放了他，并发给一份护照，允许他先回英国探亲后来中国。据说，这是拿破仑在英法重新开战后签发给英国人的唯一的一份护照。

这样，马吝先回到英国，在伦敦速成学会了一点医务知识，后经英国皇家学院院长写信向英国东印度公司理事会推荐，在 1806 年（嘉庆十一年）乘船到达广州，住入公司商馆，受到公司当局的照顾。

然而马吝想从广州进入我国内地的计划，无法实现。当时清政府只许各国商人在澳门和广州城外落脚，不许他们进入内地，同时对天主教的防范尤严，因而对一切想来中国的西洋人都持怀疑态度。

关于马吝住在广州期间的情况，大家知道得很少。但他有个朋友，是英国文学史上很有地位的散文作家查尔斯·兰姆（Charles Lamb），两人时有书信往还。兰姆一贯反对他这位老友像中了魔似的要作中国之行，并在信中用玩笑口吻劝他吃药避邪，别再读那一派胡言的旅行记，早日回国算了[①]。另一方面，马吝是一个不可救药的懒笔汉。他在信中说，如果兰姆知道他在心中已向他的朋友通过多少次信息，就会肯定他通信之勤，因为已经在脑子里详细讲过的话，要再用手照写一遍，该多麻烦啊[②]。在另一处又说，他刚用六分钟写完了六封信。可知他的书简笔记，往往简短到像是电文，这似乎成了他的一个特点。

他不接受兰姆的劝告。他在1807年11月20日从广州写给兰姆的信中说，他已向“满大人”申请准许他去北京当一名天象师和内科医师，但不是什么星相家和江湖郎中。他说他们虽然还没有同意把他的请求转奏皇上，但是他说：“我不灰心，他们不久还会接到我去信的。我终于使他们说话了，这一点就了不起……”

但是马吝在广州空等了四个年头，终于不得不改变主意。1810年，广州东印度公司商馆又备函把他推荐给加尔各答东印度公司的总督敏托勋爵（Lord Minto），请予鼎力协助，这说明他已改变计划，想从印度、不丹取道我国西藏来内地了。据说他到加尔各答，一时颇得人望，几乎成为一名偶像。但不久因为他的志趣和思想都同东印度公司当局格格不入，渐渐受到冷落，终于使他唯有自寻门路来实现他计划的一途了。这就是次年（1811）他以一个普通外国人的身份进入我国西藏的主要原由。

马吝留下的入藏笔记，没有明白告诉我们他何以这

① M. 书，引言。
② A. 书，第25页。

次入境，竟没有遇到任何困难。我们知道1774年（乾隆三十九年）与1783年（乾隆四十八年），英国东印度公司曾两次派人到过后藏的扎什伦布寺暗地活动，但都没有能够到达拉萨，而唯独这次马吝却没有凭借什么后盾，就顺利地进入拉萨，这是什么原因呢？

清政府从1791至1792年（乾隆五十六至五十七年）击退廓尔喀军入侵后藏的战争后，对沿喜马拉雅山的门户，是防范得比以前严紧了，但也没有像一般西方人所宣扬的，是在沿边推行什么“排外”政策。马吝进藏，就是一个有力的反证。

最早为马吝立传并整理出他留下的入藏笔记的英人马克罕（Clements R. Markhma）在提到马吝这次入藏时特别指出：“他好像没有受到政府多少帮助，或简直没有，而是不以任何官方身份，全凭他自己想办法的。对这次非同寻常的旅行，一切应得的荣誉，都该归他一人所有。”接着，马克罕又发表一个笼统的议论说，这事证明“尽管最高统治者（按：指清政府）是一贯排外的，但地方人士（指西藏人）却是乐于接待外来人的。一个坚决而有毅力的旅行家，即使像马吝这样看来是性情暴躁和不够检点的人，也照样到了拉萨。”① 把类似这样的议论，妄加引申，此后颇不乏人，因而我们对此，需要根据史实作进一步的分析。

首先，必须记住这次马吝入藏的最终目标，不是拉萨，而是北京。他同当时东印度公司当局的看法一样，认为从中国东南沿海进入内地，既无可能，那就唯有通

① M. 书，引言。

过中国西南的拉萨一线，可以一试。马吝不会不知道东印度公司对这一路线已经作过两次尝试，但连拉萨都未能到达。然而他同公司当局，却抱有不同的目的。用他自己的话说，他是要到中国来研究中国的精神文明，即除了生活习惯、物质享受和日常的工艺技术之外，还包括中国的文学、历史和对生活最有影响的思想感情，以及这个民族何以如此稳定，人口如此繁殖，又从中国有什么值得学习的优点和有什么应该引以为戒的缺点，等等①，但这一切都不是当时英国东印度公司当局最感兴趣的问题。

马吝的笔记中至少有两处表明他对东印度公司当局不仅没有依仗的意思，而且颇有一点轻蔑。一处是他到帕里后，听到曾经有通过不丹一线来开放中国对印度的贸易的意见时，他讥笑过去公司派遣的人选，除了依靠翻译讲些无关痛痒的闲话之外，因为语言不通，而无法找到一人真正对话；但是这次他来，却又不给他以任何使命、权力或指示，坐失良机，真是愚蠢、愚蠢、愚蠢！② 又一处是他到拉萨后，他赠送达赖喇嘛的礼物中，有一对擦得闪亮的铜烛台。他特别指出这是他手边唯一的公司财产，是他在广州向公司借后未用，而由一名不明情况的仆人误装入他箱内，运给他的。他说如今他既对此作了声明，但愿公司当局不再说这是贪污，倒是应该对他把这副烛台派了如此尊贵的用途而感到高兴

① M. 书，第 280 页。
② M. 书，第 218 页。

才是。①

因为马吝的目的是到内地，而不是拉萨，所以他在加尔各答结识了一名汉族，名赵金秀，充当了他这次进藏的通事（但据另说，他们是在广州就已认识的）。看来他们事先对西藏的情况，还是作了充分的了解的。马吝既学过多年汉文，当然不会不懂汉话，不过他学的是北方官话，而当时西藏通用的汉话则是他听不懂的四川方言。② 所以尽管他同这位通事的关系，从一开始就不够融洽，而且愈来愈糟，然而他还是离不开这位通事的帮助。他们互相约定马吝要装作一个从未到过中国，因而一点不了解中国情况的外国人，切勿暴露他同英国东印度公司发生过关系。如果有人知道他曾到过广州，并且在东印度公司商馆住过几年，那就必然带来麻烦。马吝可以自称是自幼出家，因而没有妻室儿女，虽然他的家乡不信佛教，但是因为他久慕拉萨的达赖喇嘛深通经典，所以特来朝谒，只恐沿途遇有清政府官吏盘查，不通语言，所以约请赵金秀同行，以充当通事。马吝既懂得医道，就能治病救人以广结善缘，他会被视为一名从加尔各答来朝佛的高僧，而受到尊重。他们的设想是只要到达拉萨，再来内地就比较容易了。

正是按照这样一个设想，马吝从不丹西路一到边境，就向帕里宗本提出申请要到拉萨朝佛，谒见达赖喇嘛。当时的达赖喇嘛就是自小以灵异卓著、声名远播，由嘉庆帝特准免予金瓶掣签的第九辈达赖喇嘛，但因年幼暂

---

① M. 书，第 263 页。
② M. 书，第 260 页。

由第穆呼图克图掌办商上事务。当时的正副驻藏大臣是阳春与庆惠，有关这类从加尔各答来人申请要进拉萨的涉外事件，照例一律要由驻藏大臣批准。如果真像马克罕所说，清政府正在沿喜马拉雅山推行所谓“排外”政策，那么这两位大臣自应坚决贯彻，立予批驳，然而事实恰恰相反，马吝这次进入拉萨，正是经过这两位驻藏大臣亲自批准的，这一点包括马克罕在内的所有外国评论家，似乎根本没有人知道。

嘉庆十六年（1811）十一月初九日，驻藏大臣阳春、庆惠有个奏折给嘉庆皇帝，先说自从三年前第九辈达赖喇嘛坐床以来，“凡属边外附近诸部落前来谒见及递送布施者甚多”。接下去说：“本年十月初二日，据噶布伦等禀称，转据帕克里营官呈报，现有噶里噶达部落内夷人，名马吝，带有通事汉人赵金秀从布鲁克巴境内过来，顷已行至唐古忒交界处所，欲到前藏谒见达赖喇嘛，可否准其前来？”下面一段是两大臣的话，话虽然不多，但颇能帮助我们说明当时清政府有关这方面的政策。

“奴才等思边外部落来藏朝佛者，方将导之使前，况该夷人马吝，既系重译而来，自无阻止之理。……是以批令沿途营官等妥为照料……护送到藏……”①

这里有三点值得指出：一、既然说历年从边境以外来拉萨朝佛及谒见达赖喇嘛和递送布施的人数甚多，足见清政府对沿边这类外人一贯开放，并未禁阻。二、这次马吝入藏是经帕里宗本呈报噶厦，再由噶厦禀报驻藏大臣请示批准，证明他是通过正当手续入境，并非私自

① 朱批奏折民族类第1442号卷第五号档，国家第一历史档案馆藏。

越境和意图蒙混者可比。三、两驻藏大臣认为对这样的外国来人，“方将导之使前”，而况像马吝这样一片至诚，“自无阻止之理”，所以已经批令沿途照料，护送到拉萨来，这可说是一种鼓励态度，哪里说得上有“排外”的意思？

马吝本人对这段旅程的笔记，也正好证明这一事实。他和赵金秀于1811年10月21日从不丹到了帕里提出请求之后，遇到一位被他称为“将军”的内地武官，对他的医术高明，印象甚好。因为帕里宗本上报马吝欲来前藏，等待批示，需要时日，这位武官便决定趁自己去江孜之便，先带马吝等人到居住条件较好的江孜地方等候回音，再定行止。这样，他们一路同行，马吝处处受到礼遇，被尊为“喇嘛”，享受同这“将军”几乎同等的优待。等到了江孜不久，果然接到驻藏大臣衙门批示，准许前往，于是马吝等又马上上路，未遇留难，一路顺利地到了拉萨。

这里不厌其详地叙述这段经过，是要说明清政府至少在沿喜马拉雅山并未实行“排外”，如果它在别处或针对英国东印度公司和某些西洋人有所区别的话，也只是为国家安全考虑而采取的必要防范而已。

马吝的入藏笔记，有时过于简略，有时又零乱琐碎。然而细读起来，也颇能看出他对沿途景物能观察入微和富于幽默感。

例如，作为一个普通旅人，他留意到在沿途驿站西藏头人结算乌拉脚价时的情景，有这么一段写真：“入夜，十至十五个村里人围火席地而坐。一个鞋形小盘，盘底有一棉花小捻燃着火，上压两三片油脂，就是一盏灯。这位管事一手拿纸，一手握笔。由一人掌灯，倾斜着，尽量把火凑近他的身前，每当光暗下去时便用手指把油脂捅前一点。另有一人守在一旁，等他在寻找着要蘸墨水时，再把墨水瓶送到他的跟前。人人都很认真，吵吵嚷嚷的。等一切完毕，于是取出骰子来，用手当盒子，赌如何分成或赌钱，直到很晚……”①

又如他抱怨为他的乌拉马配备的鞍镫，往往不合适，他说：“马镫索是一段段用疙瘩连接的干瘪和收缩的皮条，简直无法解开这些疙瘩，等解开了，又无法再弯成个结。就算一边放松了，另一边能否放对，就得碰运气。要想把两边搞到一般长，花上半个小时能办到就算是运气。结果是每日黎明，冒着凛冽的寒气，混杂在一群听不懂话的藏族仆役中，我匆匆上马，总是伸着一条腿缩着另一条腿上路。缰绳又往往是短到我用手勉强够得着，所以我是把牵马索一起抓在手里。这一带的牵马索和缰绳总是套在一起的。途中往往是缰绳断了，有时是镫索断了，有时是前后高耸的马鞍短到骑着不好受，除非把身子扭着偏到一边。这样骑马缓行 10 里路之后——我们一般速度是缓步，平均每小时到不了 3 里，所以结果是虽然每日行程不过 12、14、20 里，最多 30 里，但我们是一连好多天从早到晚，人不离鞍——由于马镫索太短，我的两膝酸痛到唯有横坐马背了事。”②（按：这是当时欧洲妇女乘马的姿态。）

凡是在旧日西藏作过旅行的人，读来大概都会感到

---

① M. 书，第 220 页。

② M. 书，第 221 页。

有点熟悉。又如，他说汉人是用镰刀剃胡子的，不过刀刃长在刀背上。又说藏人不吃鸟类，而让鸟类来吃人，等等。

不过他的幽默感倒不一定总是针对别人，有时也包括自己。一天在走近拉萨的路上，到了冈巴拉（山）北，横渡雅鲁藏布江的渡口。他说，这里的江面很宽，他登上一条大型渡船，船上满载人畜和货物。在船行之中唤起的某种回忆，触发了他一阵欧洲人的好动心，他说：“我坐不住了，我就是要爬来爬去，以各种不同的姿态坐在船舷上，把身子探出水面。船主为之大惊，派了一名壮汉来紧紧拉住我。我向他们指指那雕花的船首，告诉他们我可以坐到那里去，绝无危险。为了向他们证明我是坐得多么舒适，我把头和身子探出船缘，一直弯到了水面。但因为看到自己已使大家非常不安，他们再三叫我别再这样，我才回到自己坐处安安静静地坐了下来。等渡船靠拢岸边，我真想纵身跳上岸去，可是我穿的衣服实在重得发沉，靴子也笨重，没有一试。我怕跳不上岸，倒惹人笑话一场……”①

他在笔记中的一处承认自己虽是一个随和的人，但要是执拗起来，也颇有点不可理喻。例如，他们刚到拉萨，就有一名向导前来欢迎，这是表示对他的尊重，所以通事劝他趁上午去谒见驻藏大臣以表谢意，这使他非常生气，认为何必匆忙？他不懂拉萨规矩，上午拜谒是表示尊重，又取意吉祥。另一次，他去朝佛（从文义看来，是说去大昭寺），通事要他带上香和哈达，他又大为

① M. 书，第251—252页。

气愤。他说他不能献哈达，也不懂这一套。他是一个外国人，只是出于好奇，想多了解点情况。凡是需要遵守的形式和礼节，他都照办，但要更多的要求，绝难办到。但他不知道上香和献哈达，正是进大昭寺朝佛时需要的一般礼节和形式，他已完全忘了自己是个被认为从加尔各答来朝佛的“喇嘛”了。

可是另一方面，他又确乎有他不同于一般欧洲人的地方。例如他认为一切宗教在创立之初都掺杂着善与恶，但总的说来，各有促进人类文明的因素，所以他一概尊重。至于有人除了自己信奉的宗教之外，把一切其他宗教的始祖都说成是骗子，那是一种极为庸俗的偏见。①

他虽没有完全忘掉一个白种人的优越感，但又远比一般欧洲人乐于随俗，而且随俗到使某些英国人读他的笔记时会感到难堪。例如欧洲人一般不行下跪礼，更不愿叩头，而马吝却毫不在乎。他到拉萨后，在各种场合，总是先问他的通事什么时候该下跪，什么时候该叩头，并且每逢可以自由选择叩一次或三次时，他总是选择三叩首，以示敬意。他说，他见藏官有时也下跪，有时装做要下跪的样子。这经常引起他和通事之间的磨擦，因为照通事的意见，这是只许用于“汉官”的礼节。他也注意到一个普通“汉人”，对藏官都不行礼。他责怪清政府不许“汉人”对藏官行应有的敬礼，不过他也承认这里的困难是如果向一位藏官行了低一级的礼，就等于侮辱了他。这使他认识到拉萨的繁缛的礼节，而唯有不偏不倚，平等看待。

---

① M. 书，第 291 页。

最后，他对清政府的政策，也有看法。他认为清政府派到拉萨的某些高级官吏作威作福，就像英国人在印度一样①，并指出派这样的人来管理地方是严重的失策。不过他对沿途遇到的内地官兵，除了个别人外，还是给予好评。

以上是从马吝笔记中看到他进藏时的沿途见闻，以及初到拉萨时的经过和心情。然而不久，一切起了变化。这是他这次旅行中遇到的一大转折。

马吝没有想到，他在第一次谒见驻藏大臣时，就被认出他的“面貌光景，竟与西洋人相似”②，从而引起怀疑。

原来这年驻藏大臣阳春和庆惠迭奉圣旨，通饬全国查禁天主教，并令各地加意严防，这使他们对这次马吝来藏也提高了警惕。所以阳春、庆惠在初步调查和询问之后，决定立即将案情上报朝廷。他们指出，马吝虽自称“噶里噶达”人，但“奴才等伏查，噶里噶达为边外极远部落，一名披楞……向在广东通商……从无在藏贸易居住之人。惟查乾隆五十八年平定廓尔喀后，该部长曾经遣人到藏呈递贺禀，经福康安具奏在案；此后该部落之人，亦无再来藏者”。这说明他们已初步察觉马吝可能就是英国人，而且怀疑他“难保不习天主邪教……诚恐马吝来藏，或假借朝佛之名，希图暗中传教，亦未可知”。不过奏折又说，经过他们反复询问，赵金秀既坚称并无别意，又根据调查观察，马吝除赴各庙朝佛之外，

① M. 书，第217页。

② 朱批奏折民族类第1442号卷第五号档，国家第一历史档案馆藏。

也确实不与外人往来。因此，他们已令噶伦等将马吝带往布达拉谒见达赖喇嘛，并“妥为照料安插，毋使远人失所”。两大臣对马吝的处理意见是当时已届隆冬，沿边地带大雪封山，难以行走，所以唯有一俟来年春融雪化，再“另派妥当通事人等伴送出境，并檄谕布鲁克巴部长一体照料送回”。至于赵金秀这人，两大臣认为他“以内地民人，敢于由粤私搭外国货船，违禁下海，并不由原路回归内地，已有应得之罪。又敢希图财利，率同域外夷人，绕出远番部落，引导来藏，虽无为匪情事，显系不安本分之徒”。所以他们准备将他扣押，移解四川总督，照例惩治。最后，奏折说以上一切，只是他们初步的意见，究竟如何，自应接奉朝廷训示后，再行遵照办理云云。

这两个大臣的建议显然十分符合朝廷的意旨。嘉庆帝对奏折中提出马吝是否会“假借朝佛之名，希图暗中传教”一语之后，亲加朱批“所虑甚是”四字，以示嘉许。不久，阳春、庆惠接到军机大臣寄来的上谕，先说：“近来西洋夷人散布各处，传习天主邪教，意图煽惑，甚不安分……”而后针对马吝，用十分肯定的语气，指出他“显系托名朝佛，潜来窥伺，或有隙可乘，即渐图传教，断不可任其久留藏中。计此旨到时，已届春融，着……即将该数人驱逐出境，毋许逗留……”①

这就是马吝到拉萨前后，受到截然不同待遇的政治背景。

我们再看马吝在笔记中叙述的经过，也可以与此互

① 军机处录副民族类第947号卷第2号档，国家第一历史档案馆藏。

相印证。

马吝到拉萨后，于12月17日晨去布达拉第一次谒见第九辈达赖喇嘛和他按照汉语称之为“第穆佛”的第穆呼图克图。他照例献了礼物，先向达赖喇嘛行三叩首礼，再向第穆呼图克图行一叩首礼。在献哈达之后，他还把自己剃光了的脑袋，给达赖喇嘛摩顶。他的笔记说，这次谒见使他非常感动，一种奇异的感情叫他几乎掉下泪来，直到回自己住处时，他还一直沉浸在深思之中。他赞美这位达赖喇嘛的青春之美和富于诗意的动人的容貌，并以自己能看到他的笑容，而感到异常幸福，但愿能再多见几面。不久，这个愿望也得到了实现。根据他的笔记，他住拉萨四个多月，在大小节日见到达赖喇嘛不下五次。

此外，他的活动就主要是朝拜寺庙和行医。

但是过了不久，他意识到情况在起变化，似乎有人在侦察他。他了解到那位当权的驻藏大臣从来讨厌欧洲人，说他们是先来一人，以后越来越多，最后是把地方都抢走了。这位大人已不时流露对马吝的怀疑，有时指他是传教士，有时暗示他是奸细。马吝不得不承认，他虽自称是加尔各答人，但也无法隐瞒加尔各答是英国统治的地方，而英吉利“Ingelikus”是他们听来最讨厌的名词。① 后来各种不利于马吝的谣言愈来愈多，甚至连拉萨上空出现了几个月之久的一颗明亮的彗星，也被指为是同他的到来有关的不祥之兆。

至于他的通事则已被传去作过几次审问，还让他看

① M. 书，第276页。

了自己的供词，告诉他准备上报。关于通事的罪名，马吝知道是未经批准私自出国的问题，然而他知道事实上每年有成千的中国人向国外跑，而当官的只是装作不见，不过从此让当官的手里多了一根大棒，可随时使用而已。

如果驻藏大臣等对马吝的怀疑愈来愈深，那么马吝对他们的反应也愈来愈强烈了。他得出一个结论：清政府派到拉萨的大员几乎没有好人。在入藏之初，他原认为只要能到拉萨，再设法到内地，也许不是毫无希望。他相信，这方面的不利因素固然很多，但有利的机会也不致绝对没有。譬如他能遇上一两个好心肠的“满大人”；或是能治愈一个什么重要人物的疾病；或让他推广种痘，赢得达赖喇嘛的好感；或向哪个商人或小官吏使点贿赂，能让他同藏商一起去西宁，等等。他认为诸如此类的机会虽不见得一定遇到，但亦不是完全没有可能。[①] 然而最后事态的发展，却使这些打算全部落空。

马吝在拉萨的日子，一天天更不好过了。在这多谣的山城，传来各种消息，引起他无穷的联想。有人说，驻藏大臣的奏折，只是上报事实，并无别的内容，但又有人说，奏折的内容异常严重。有人说，驻藏大臣准备将通事和他一起从原路押送回印；又说本来想让他们从四川、广州出境，不过因为马吝是外国人，不太有此可能。有人认为通事赵金秀难免要受到重刑拷问，说不定要杀头，有人认为连马吝本人也会遇到同样的命运。[②] 不久，他的通事果真锒铛入狱了，只剩下他孤独一人。对

① M. 书，第 278 页。

② M. 书，第 276—278 页。

这些传话的人，他也无法分清究竟谁是朋友，谁是敌人。虽然后来的事实证明，驻藏大臣除了想等春融雪化，把他押送出境之外，并无危害他个人的意思，然而他这段期间的笔记，却充满了各种荒唐的猜想和虚拟的情景，使他日夜不宁。他自己承认这和他平日的好读书、多遐想和生就的性格有关。但笔记中却没有一处提到他曾向驻藏大臣或其他任何人透露他想从拉萨前去内地考察历史文化和民情风俗的意图。看来，他是早已放弃这个计划的了。

1812 年 4 月 19 日，马assign离开拉萨，踏上归程，他当时的心境是不难想象的。他的日记也愈来愈简单，有时简单到只剩下一个日期和地名，但也足以说明他是按来时的原路回印度去的。他于 6 月 10 日到达印度边境后，除了给一个朋友写过一封记述此行经过的长函，据说已经遗失之外，就从不向人多谈这次拉萨之行的经过。他的兴趣似乎仍在内地，而不在西藏一隅。

不久，他这个志愿也终于得到实现，1816 年（嘉庆二十一年），他以汉文秘书的身份随同英国政府派遣的阿美士德勋爵（Lord Amherst）使团到了北京。但这个使团又以失败告终，匆匆而来，匆匆而去。据说，他从一开始就因为要穿汉服和留胡子的问题，同使团领导人闹了别扭。结果是双方来个折中，他同意换穿西服，但是保留了胡子。在这次往返北京期间，他并没有写过笔记，只是留下一些笑话。一个使团中的同事对他的评语说，他为人虽有几分怪癖，但也只是个人问题，而无碍于旁人。又说他对同事们从来难得严肃认真过，每遇意见不一时，他不是进行认真的辩论，而是用玩笑口吻，妙趣横生，听来极其荒唐，但细味起来又不无道理。看来，他已颇带一点落拓不羁和玩世不恭的中国名士风度了。

次年，他从广州首途回英。同年7月，他还特意去访问了已经一败涂地后被囚禁在圣海伦岛的拿破仑，去感谢这位当年的独裁者对自己的支持。拿破仑也对他的经历，深感兴趣。回到英国时，他才45岁。凡知道他的人都为他惋惜，因为他在国外飘泊近12年，可谓闻见广博，但竟没有留下一点著作。据说是除了写过一篇有关我国蒙藏地区和不丹境内的茶叶销场的资料之外，再没有写过别的东西。但他对别人译述汉文著作遇有困难时，却无不乐于帮助。他私下告诉他的老友兰姆，他从来不谈北京，是因为太容易叫人说他意在卖弄。① 倒是据人考证，兰姆后来发表的《烤猪肉议》（Dissertation upon Roast Pig）那篇名文，是出于马吝的启发，文章的取材倒确乎颇有几分近似他的个性。

1840年5月2日，马吝死于疯瘫，时年68岁，还是独身。他留下不少信简和汉文稿，但据说都不足以公开发表。他收集的汉文书籍甚丰，是当时欧洲数得上的藏书家之一，后来由他家属捐赠给英国皇家亚细亚学会。学会作为马吝藏书予以保藏。

最后，应当介绍几句那位在外国著述中连姓名都没有的通事赵金秀的情况和下落。

赵金秀原名孟生秀，山西太原人，入藏时年25岁。他于嘉庆三年（1798）偕母舅到北京，给一家姓赵的作寄子，才改姓赵，取名金秀。嘉庆十二年（1807），他到

① A. 书，第123—124页。

广州学作生意，因为略有文化，两年后由一姓汤的商人邀去印度加尔各答帮工，于次年冬天到了那里，被介绍到一家酒铺内管账。据他自己说，因为马吝不时去那里，所以认识，并约他一同入藏充当通事，答应等回印度后一并酬谢。他们想先到拉萨，再设法取道西宁或四川到内地，所以约定要一路同行。

以上情况主要是根据赵金秀向驻藏大臣阳春、庆惠和四川总督常明所作的供词。但他似乎没有供认自己是一名天主教徒，而这是一个非常关键的问题。

我们从马吝的笔记中，可以看出赵金秀不是一个普普通通的天主教徒，而是一个具有一定文化修养和虔诚信仰的天主教徒。马吝的笔记说，他们两人沿途是用拉丁语相互通话的，在当时中国的天主教徒中，讲拉丁语的恐怕并不多见。马吝形容这位通事对沿途的自然景物，似乎无动于衷，所以两人缺少共同语言。此人很有点脾气，他不耐烦听人把一句话重说两遍，或是说话抓不住要点。因此在马吝接待病人时，这位通事常常不耐烦，甚至发脾气。马吝再三解释，病人多讲几句病情，是极自然的事，作为医生和翻译就应容忍，耐心倾听。但赵金秀说，他生来就不是这样的性格，要他听人这样说话，他受不了。[①] 这说明他对自己的地位有一定的看法，决不像一般西方人所说，马吝和他是主仆关系。他们谒见驻藏大臣时，大臣只让马吝就坐，却不给赵金秀座位，使这位通事气愤不已。马吝见藏官时下拜，更使赵金秀不知如何举止。凡这一切都使他和马吝之间的关系，相当紧张。

① M. 书，第238—239页。

马吝那次到大昭寺朝佛，赵金秀就没有陪他，但事先又是他一再示意马吝应该去一趟的。在西藏人眼里，凡来拉萨朝佛的，没有不去大昭寺的，这是常识，但他们知道天主教徒却不去。很多人向赵金秀提出了这个问题，所以他主张马吝应该去，以解除拉萨人的怀疑，然而他本人因为信天主教却不能去。用马吝的话说，“他是即使砍头也不能去朝拜他们信奉的神灵的”①。

这一切，在拉萨这个小地方是无法长期隐瞒的。在这一点上，赵金秀可说是帮了马吝一个倒忙，同时也决定了他自己的命运。

在马吝出境的同时，赵金秀也被解往成都，由四川总督督同臬司严加审讯。嘉庆十七年（1812）五月十八日四川总督常明具奏，审问结果，他们认为应将赵金秀比照交结外国，互相买卖借贷，诓骗财物，引惹边衅，偷窃军情等罪名，从重发落，给予发往伊犁当差的处分。嘉庆帝朱批：“刑部知道。”② 这大概就是他最后的结局。

关于古格反耶稣会斗争的材料

1624 年，印度果阿（Goa）耶稣会教区派遣葡萄牙籍神甫安东尼奥·德·安瑞特（Antonio De Andrade）与教士玛格斯（Manuel Marques）二人，化装成印度教徒，

---

① M. 书，第 289 页。

② 军机处录副民族类第 947 号卷第 1 号及第 3 号档，国家第一历史档案馆藏。

溯恒河北上，由嘎瓦尔（Garhwal）潜入我西藏阿里，到达象泉河谷古格地区的首府札布让（今札达县境）。他们见到了古格土王夫妇，得到在那里传教及建立教堂的准许后返回印度，约定次年再来。

1625 年，德·安瑞特再次到札布让。到第二年，他在土王的庇护下，拆毁民房，建立了西藏地方第一座天主教堂，并邀来了更多的传教士，另在日土开辟了一个新点。但是由于这些传教士极力拉拢土王，压迫人民，在 1630 年引起僧俗人民的一场“革命”，并在拉达克土王的协助下，推翻古格土王的统治，消灭了这个耶稣会据点。事实经过，大致如此。

关于德·安瑞特第二次到札布让后建立教堂，情况如下：

“现在可以着手建立一个永久性的传教站了。土王履行了他的诺言，于 1626 年 4 月，他亲自敦促修建一所教堂和一座教士们的住宅。在市内王宫附近觅妥了一个极好的地位，这地方可避风寒，一早能晒到太阳。把原来住在那里的居民们的房屋都拆去了，但给了他们别处更好的住处。为了保证这里更幽静，把通过近处的一条大路也改了道。土王还把自己的两所房屋全部拆毁，以使神甫们有个花园种植供礼拜堂用的鲜花。在 1626 年 4 月 12 日复活节，他又亲自为这西藏的第一座基督教堂奠基，同时向教会捐赠了大笔黄金。这座教堂是奉献给圣母的。”

——菲列比编：德西德里《西藏纪事》，伦敦，1937 年修订版，魏赛尔斯引言，第 6 页。（Filippo de Filipp, ed. *An Account of Tibet*. London: George Routledge & Sons,

Ltd. , Revised Edition, 1937. C. Wessels, "Introduction", p. 6)

关于当地僧俗人众推翻古格土王的情况如下：

"然而土王如此公然祖护，这一鲜明的态度本身就包含着一种危险的因素，也许是这些热心的传教士所没有注意到的。喇嘛寺庙的权力很大，他们的首领就是土王的兄弟。他们看到（土王）对这批新来的外人如此恩宠备至，当然不能不侧目而视。如果不要迫使他们公开反抗，（行事）就需要极端的慎重，可是土王采取的各项步骤肯定是缺乏这点慎重的。在 1626 年或 1627 年间，因为他的兄弟，那位喇嘛首领接纳了 130 人充当新喇嘛，土王剥夺了他的一大笔税款。土王的借口是：要是他兄弟再这样干下去，就会夺去他的全部兵源了。他甚至有意思要所有的喇嘛一概还俗。这样偏激极端的步骤难怪要引起反抗了。但如果安瑞特能留在那地方，也许可以避免一次突然爆发。可是就在那时，决不定是哪一年，但肯定是 1630 年以前，他从西藏被召回去担任主持整个果阿教区的光荣任务了。这样，札布让教会失去了一名精明强干的首领，这个损失不是一个从远处加以关心和爱护的主教所能补偿得了的。敌人抓住了这个机会。在他离开之后不久，就在 1630 年内，一场革命爆发，它结束了这位友好的土王的统治。"

——同上，第 9—10 页。

但据安瑞特 1633 年 2 月 4 日写给罗马耶稣会总监（General）的报告，对此另作了补充。

"根据这个文件，这次风暴是在土王长期患病期间爆发的。最先是喜马拉雅山的几个部属起来反抗，接着几名掌权的军事将领叛变，并引入拉达克土王协助。多年以来，拉达克土王因为婚姻问题与古格土王不和，他立即抓住这个机会，包围了这个几乎坚不可摧的首府。一个月后，古格土王因内部出卖而被擒，解往列城。

“这次政治风潮给了教会以毁灭性的后果。札布让的教堂和教士住处被劫一空。在拉达克土王所派的军事将领的敌视之下，教士们受了不少折磨。信徒有的以逃亡自全，有的被抓去充军。驻在日土的两名神甫的命运也是一样。但在他们到了列城之后，不久恢复自由，被遣返札布让，同被准许留在那里的其余的人一起。从当时记载所能判断的，事变时候在这西藏教会的工作人员计有传教士四人，即：德·奥里维拉神甫（De Oliveira）、陶斯·安觉斯神甫（Dos Anjos）、达·丰赛卡神甫（Da Fonseca）和玛格斯教士。”

——同上，第10页。

关于古格土王与耶稣会教士的勾结，还有下面两个材料可以说明：

“除了修建教堂和住宅的地基之外，土王又拨给6000葡币（Cruzados）的一笔专款，赠给教会作基金。据安瑞特1627年8月29日函。”

——同上，第367页，引言注20。

“……土王并没有受洗礼成为基督信徒。这些传教士对此是抱有很大希望的，而且土王自己说过如果王后受了洗礼，他和他的儿子也一起要当基督信徒的话，这在安瑞特1627年8月29日的信中是十分清楚的。德·阿兹弗都神甫（F. de Azevedo）也写道，土王有意想做基督信徒，甚至答应过受洗礼，可是又接着说，由于土王同妇人非法同居而不得不取消洗礼。”

——同上，第370页，引言注50。

关于事变后札布让教会的情况，有下面几段记载，可供参考。

1635年初，果阿教区另派柯累斯玛神甫（Nuño Coresma）率教士六人再去札布让，但中途两人病死，三人病危，只有柯里亚神甫（Correa）一人同他到达古格。到后，柯累斯玛感到十分失望，他在1635年8月30日写的第一封信中说：

“这整个地区，一向由于缺乏知识和经验而被称为中国（Cathay）或西藏的地方，即使从18到80岁的人都一律要服兵役也凑不出2000名战士，从此可以看出人口是非常稀少的。其余都是喇嘛……这个土王驻在的城镇是全区商业汇集之点，居民不足500人，内中100人是土王的奴仆……一般老百姓都不可能理解我们信仰中的奥妙的道理。他们都很穷，其落后和粗野的程度是我所从未见过或读到过的……没有任何宗教感的影子；他们到寺庙去只是为了吃吃喝喝。”

——同上第13页。

柯累斯玛的信中又说，自从传教以来，十年之间只有100人受过洗礼，就说这些信徒，大部分还是教会或土王的仆人，等等。所以他建议撤销这个分会。

又据他回阿格拉（Agra）后于1635年12月14日写的信，在柯里亚离开札布让后，他和玛格斯两人被大批军队监禁在屋内，切断了对外的一切联系。最后他们被驱逐出境，于1635年12月11日到达印度阿格拉。

——同上，第14至15页。

柯累斯玛的信中还透露：

“拉达克王派的官员亦丝毫没有友好之意，只是仅仅由于希望得到礼品，才使他没有立即把这批外来人赶走。老百姓则给他们不断的气受和捣乱，在夜间一次一次地抛掷大批石块打他们的房子，向当局申诉亦全不理会。葡萄牙的势力达不到这里，他们唯有凭自己的力量战斗；但在柯累斯玛看来，胜利是不可能的。”

——见魏赛尔斯《早期耶稣会教士在中亚细亚的旅行》第 84 页。（C. Wessels, *Early Jesuit Travellers in Central Asia*, 1603-1721, Hague, 1924）

1636 年，果阿教区又派遣传教士数人去嘎瓦尔的斯里那加（Srinagar）先对当地的藏族进行传教，以等待时机，再去札布让。据教士们传，札布让的长官曾写信要他们回去，并说对他们的房屋、教堂以及其他什物、牲畜等，都保留得好好的。但教士们说：“虽然我们得到西藏来的一些消息，说是土王希望再次接待我们，但是我们不能完全信任他。”

——前引《西藏纪事》引言第 15—16 页。

到 1640 年，这些教士得到可靠消息：“在喇嘛们的煽动之下，土王和百姓都非常敌视基督教徒，除安瑞特修建的教堂之外，所有建筑物都已被夷为平地。”

——同上，第 17 页。

但是根据后来各书记载，那里已没有这个天主教堂或传教活动的任何痕迹了。

说明：

一、关于拉达克的问题。

拉达克是我国藏族分布的极西部分，其土王即吐蕃赞普的一个支系，约在10世纪迁去后，在那里成为一个地方统治势力。由于拉达克地处通往克什米尔、印度的通道之上，它同我西藏地方的阿里和新疆南部的叶城一带关系甚深，尤其同阿里的关系最为密切，政治上时分时合。但这一直是我国藏族内部各地方割据势力之间的权力之争。

到1681至1683年间，以五世达赖喇嘛为首的格鲁派寺庙集团已取得优势的西藏地方，与信奉竹巴噶举派的不丹统治者发生矛盾，拉达克土王和不丹同一教派，所以与西藏地方也发生了武力冲突，土王曾求援于克什米尔的统治者。这次冲突后，西藏地方与拉达克订立协议，规定边界和双方往来的关系。从此拉达克渐渐落入克什米尔势力的控制，到鸦片战争前后，又随克什米尔转入英国势力控制之下，但它与清朝，尤其与西藏地方的关系还是继续未断的。

上面所谈的反耶稣会斗争是发生在拉达克受外来势力控制以前的事情。

二、这里引用的材料都是根据耶稣会教士自己的通讯和记录，还没有找到其他记载可资参证。但即使根据这些片面的记载，也可以看出在这次反耶稣会的斗争中，古格土王是与教士们勾结，站在一起的，其他统治阶级的态度是有过反复的，而人民大众则是坚决彻底的，所以教士们不得不称之为一场“革命”。提到“革命”，是老百姓的行动，当然也有喇嘛。

关于这次斗争的资料不多，也比较零散，上面摘译的是书内直接有关反抗的部分。

关于东印度公司派波格尔入藏之行

一、1772 年东印度公司乘不丹与库赤·贝哈尔发生争执，入侵不丹，班禅六世贝丹意希派人送信给东印度公司，加以制止。信中指出，不丹属达赖喇嘛所管，他本人为出家人，志在和平，他已嘱咐不丹勿轻启兵端，扩大事态……

大意如上。原信英译文见 Markhom, C. R. *Narratives of the Mission of George Bogle to Tibet and of the Journey of Thomas Manning to Lhasa*, London, 1876.

二、东印度公司总督华伦·海斯汀司就利用这个机会，与不丹谈和，并派波格尔等于 1774 年通过不丹到日喀则，以通商为名，进行拉拢，企图离间班禅，与之建立关系，制造分裂。但班禅六世于 1775 年答复东印度公司的一封信中，他说：

“因为这地方是在中国皇上的绝对主权之下，一切事务都历来由他加以认真和严格的管理，同时因为同外国互通关系或交游往来，将违犯他的意旨，所以要我派遣使者去你们那里，往往不是我权力所及的事情。”

引文见 Lamb, A. *Britain and Central Asia, The Road to Lhasa*, 1767-1905, London, 1960, 15 页。

三、1779 年，班禅六世来北京为清高宗祝寿。据英人记载，班禅六世曾同意波格尔代向清廷呈请准许对东印度公司开放海禁，以便通商，东印度公司亦计划派波格尔从海道前来北京。但班禅、波格尔两人不久相继死去，所以没有结果云。

又，波格尔回印时，有一名印度向导普容吉（Purungir Gosain）以修行人的身份，一直留在扎什伦布，他无疑是东印度公司安置的一名间谍。后来，他充当了班禅六世的随从，也来到北京。根据他的记录，班禅六世贝丹意希在清高宗前，确曾代东印度公司提出过请求。普容吉对这段会面经过，后来向东印度公司作了报告，发表于 Turner, S. *An Account of an Embassy to the Court of the Teshoo Lama in Tibet*, London, 1800.

但以上两点，仅见于英人著作，还没有见到其他方面的记载，足资佐证。

四、波格尔到日喀则，居留将近一年，始终未能去拉萨，并且亦无其他往来，说明这事与达赖方面尚无瓜葛。

所谓“西藏独立”及西藏的“宗主权”

一、早在20世纪初，就出现了“西藏独立”的问题，这是怎么回事？

对这个问题，有一点需要首先明确。这里说的西藏是指西藏地方。按照英语和一些外国语文的习惯，Tibet一字有时可以指整个青藏高原或甚至更大的地域，当然不属于这里谈的范围。

历史上，从17世纪开始清朝对西藏地方二百余年的统治关系来看，虽然也有起有落，但总的说来是比较平静和比较成功的。但是这个关系因1840年到1860年间的两次鸦片战争，受到了损害，到20世纪初出现了裂痕。这与外国势力的侵入都有直接的关系。

1904年英国军队入侵西藏，当时的第十三辈达赖喇嘛及其亲信是坚决主张用武力抵抗的，但是日益腐朽的清政府中央却一味退让，不仅不给予地方以任何应有的支持，反而不准西藏进行武力抵抗，并对战败后退避内地的第十三辈达赖喇嘛处以暂时革去达赖喇嘛名号的处分。事后，清政府虽恢复了达赖喇嘛的名号，并以“允认”（confirm）英军在拉萨逼签的不平等条约和赔偿军事赔款了事，然而这一切已造成了中央政府和地方当局之间的严重隔阂，导致后来关系进一步恶化。

然而这时候的第十三世达赖喇嘛等人主要反对的是驻藏大臣联豫和统率军队的协统钟颖，双方对抗，以至于1910年2月又出亡印度。

一些不明情况的外国作者往往把这事误认为是由于赵尔丰的军队引起。实际上，当时赵尔丰任川滇边务大臣，他本人最西只到过昌都，他的军队也只到过工布的江达，不久即撤回昌都。但是驻藏大臣联豫和第十三辈达赖喇嘛之间嫌隙甚深。联豫奏保入藏的钟颖是一个清室贵胄，奉命入藏“镇慑”地方，他率领的一支千余人的新军，是仓杂组成，纪律松弛。他们一到拉萨，便引起达赖喇嘛等极度的恐慌，达赖喇嘛仓皇出走，受到朝廷革除名号的处分，这又进一步扩大了原来的裂痕。

到次年（1911）10月，当辛亥革命和清帝逊位的消息传到西藏，整个驻藏大臣所属的文武系统顿时陷入混乱，有人又乘共和、帝制两派斗争剧烈之际，倡议“内渡”“勤王”，以扰乱人心，于是官兵瓦解，有的自行返回内地，有的相互内讧，骚扰地方。流亡印度的第十三辈达赖喇嘛即派人回藏，于1912年终将联豫、钟颖及所属官兵，一律经由印度遣回内地。当时刚成立未久的民国政府，又很快落入野心家袁世凯之手，引起南北对峙，全国动荡不宁，使西藏同内地的政治关系无法恢复正常。

辛亥革命是我全国人民共同推翻丧权辱国的晚清皇朝的一次政治革命，这与西藏地方结束以驻藏大臣为首的清政府统治，实际是一回事。在动乱之中，地方上即使有些偏激之处，亦只是暂时现象，而且在拉萨就引起很多贵族、平民以及寺庙僧人的反对和反抗。后来有人把这事件笼统地称为“排汉”，已不符事实，至于把它称为“西藏独立”，就更无根据。

关于“独立”这个名词的含义，即有不同的解释。当革命之初，各省响应，都宣布“独立”。但这里说的“独立”是指脱离清政府统治，而并非脱离中国，自立为一个国家。1912年1月临时大总统孙中山宣布汉、满、蒙古、回、藏五族共和的宣言书，就对此作了明确的解说：

> 武汉首义，十数行省先后独立，所谓独立，对于清廷为脱离，对于各省为联合。蒙古、西藏，意亦同此。

1912年10月，当民国政府明令恢复第十三辈达赖喇嘛名号时，西藏就没有表示拒绝，或要求独立。

当然，还应该提到1913年初一度谣传的所谓“蒙藏条约”。根据外国报载，这个条约的开始部分就有蒙古、西藏已从清朝获得自由，并从中国脱离出来，成为独立国家等字句。然而第十三辈达赖喇嘛及其僚属都曾辟谣，否认这个“条约”。这些事，在一些外国人的书上也都提了。如果当时达赖喇嘛等真有意独立，他们是无需这样辟谣的了。

应该指出的是：到此时为止，西藏问题还只是中国的一个内部问题。但是就在民国元年（1912）8月17日，英国驻华公使朱尔典向袁世凯递交了一个照会，进行直接干预，以不承认中华民国政府和不允许政府官员假道印度去西藏的手段，迫使袁世凯派人参加了1913—1914年举行的西姆拉会议。会议虽以破裂告终，但其后果之一就是阻止了西藏和内地直接恢复正常的政治关系。

到了1919年，在全国开展反帝爱国的五四运动的影响下，一个由中央派遣的甘肃代表团从青海到达拉萨，受到第十三辈达赖喇嘛亲自接见。达赖喇嘛表示他决不亲英，也无意脱离中央。但是由于中国陷于长期的军阀割据和不断的内忧外患，所以一直没有能实现国家真正的统一。然而，尽管如此，西藏地方和中央关系终将恢复正常已是大势所趋，是任何力量也无法阻挡得了的历史潮流了。

不过至今仍有那么些人，他们不顾历史事实，总想叫人相信早已出现过一个“西藏独立”的问题。但是试问世界上究竟有哪一个政府承认过西藏是独立了的呢？

注：文内用的“允认”和“confirm”是根据1906年4月27日中英续订藏印条约第一款的中、英文本的原文。

1988年9月23日

二、还有人说，中国只是对西藏拥有宗主权。这种说法对吗？

先谈谈这里说的宗主权这种说法的来历。

没有必要去追究到底谁首先使用了这个名词。据说，1904 年时任印度总督的寇松爵士（Lord Curzon）就使用过，不过这是在英印政府的内部文件中。

但是大家知道，在一个国际性的文件上首次出现这一名词并替它做了一点说明的，是 1907 年 8 月 31 日英国和俄国在圣彼得堡签订的一个条约，全名为 Convention between Great Britain and Russia relating to Persia，Afghanistan and Tibet。

这个条约共分三个部分。第一部分是关于划分英俄两国在波斯的势力范围和特权利益。第二部分是规定英国和俄国在阿富汗的不同地位和特殊权益。第三部分，名为关于西藏的安排（Arrangement concerning Tibet），一开始就申明大不列颠政府和俄罗斯政府承认中国在西藏的宗主权力（The governments of Great Britain and Russia recognizing the suzerainty rights of China in Tibet ……），接着在条约第二款的第一句说："遵照中国对西藏拥有宗主权的既定原则，大不列颠与俄罗斯承诺，除非通过中国政府的中介，不得同西藏进行交涉。"（In conformity with the admitted principle of the suzerainty of China over Tibet，Great Britain and Russia engage not to enter into negotiations with Tibet except through the intermediary of the Chinese government.）这可能是国际条约

中提到中国对西藏的关系时第一次也是最后一次使用宗主权这个名词。

这是从1905年日俄战争结束后到第一次世界大战爆发期间，英国趁沙俄战败又面临国内革命的困境，同它达成划分双方在波斯、阿富汗的势力范围的谅解，与此同时，又插入沙俄承认英国对我西藏地方的特殊权益，以换取英国默认沙俄对蒙古的特殊权益。但由于双方碍于中国的主权，擅自改名之为宗主权，这是一个为帝国主义进行掠夺制造便利的“安排”。试问有哪一届中国政府承认过这个1907年条约？又在哪一个中国政府签订的关于西藏的条约中，有过关于宗主权的话？

更有意思的是，似乎谁也没有本事替什么是宗主权提出一个答案。

在这条约签订后不久，具体说在1910年2月，第十三辈达赖喇嘛因与驻藏大臣不和，曾出亡印度。清政府为此于宣统二年正月辛酉（1910年2月25日）以上谕宣示“著即革去达赖喇嘛名号，以示惩处”等等。我们这里只是照录《宣统政纪》的原文，这个决定后来也经民国政府明令取消，并复还原封了。然而值得指出的是，这事发生在英俄签订上述圣彼得堡条约后仅仅两年多一些的时间。当时有人就这事件向英国政府提出询问，英国政府回答这是中国在行使有效的宗主权，所以英国政府对此无权干涉。

这可以说是对宗主权的一种解释。

但是后来有人把这个说法改了。他们说，宗主权具有很大的伸缩性，需要看一个中央政府对地方行使主权有效到什么程度来做决定。再后来，有人又把这个说法改了。他们说，宗主权需要同地方的自治权联系起来看。但无论是宗主权还是自治权，要替它们下一个明确的定义是不可能的，因为是唯有按照每一事例的具体情况来做出决定的。更有人说，宗主权虽不可能有个定义，然而宗主权决不等于主权，等等。

看来有一点是比较清楚的，他们提出宗主权的目的就是要否定主权。

我们对西藏问题的立场，是从来明确的。第一，中国对西藏的立场，一贯坚持的是主权，而不是其他。第二，关于自治权，这纯粹属于一个国家的内政。任何一个主权国家都不允许外人过问它的内政，这是起码的常识。

注：上引条约文字系根据 Lamb，A. *The McMahon Line*，1966，vol. l. Appendix V. pp. 251-257。转引 MacMurry J. V. A. Treaties and Agreements with and concerning China，1894-1919，vol. l Manchu Period（1894-1911）. New York，1921，pp. 674-678.

1988 年 9 月 23 日

老沙皇侵略我国西藏的罪行是掩盖不住的

一、关于英国、沙俄共同侵略我国西藏地方的问题

19世纪后半期，沙俄与英国为了掠夺我国领土，从新疆到青藏高原展开激烈的竞争，沙俄对西藏地方抱有极大野心，这一切像李绍明同志文内所说，无疑都是事实。但到20世纪初，一方面是日俄战争的结果，沙俄失败，另一方面英帝进兵拉萨，攫取了比以前更多的条约特权，沙俄在侵略我国西藏地方这一点上，因为力不从心而不得不居下风。英、俄两国于1907年签订的圣彼得堡条约，其中有关我国西藏地方的部分就是沙俄对英帝在我西藏地方攫取到的“特殊利益”的一种肯定。

当然从这两个侵略者的更大的诡谋来考虑，沙俄肯定英帝在我国西藏地方享有“特殊利益”，是以英帝默认沙俄在我蒙古享有“特殊利益”为交换的。在这次圣彼得堡条约中，它们把我们祖国对西藏地方的主权关系，偷偷改换为所谓宗主权关系，这在国际正式文件中是第一次。(见黎吉生《西藏简史》第258页附件第十二、圣彼得堡条约有关部分的正文第一节及第二款。Richardson, H. E. *A Short History of Tibet*, New York, 1962.) 再联系到沙俄把我国蒙古划分为“内”“外”蒙古，并把外蒙古自治以及沙俄在外蒙古享受种种特权强加于我等一系列侵略行为，与英帝在西姆拉会议策划的种种阴谋互相比较，英、俄双方是亦步亦趋，如同一辙，这又是它们

相互勾结的一面。

但是具体到西姆拉会议本身来说，这完全是英帝一手操纵，一手导演的一个骗局，它是不会允许沙俄插手的。这同它们为了共同侵略我国，分占我国领土而达成的更广泛的谅解，还应当有所区别。

二、关于普烈热瓦尔斯基

除自1870年始，他带人四次窜入我国蒙古、新疆和青藏高原北部进行所谓科学考察外，竟擅将我黄河上源的札陵湖改名为“俄罗斯湖”（Russian Lake），又把鄂陵湖改名为“考察队湖”（Expedition Lake）（见 *Geographical Journal*, Vol. XIX, May, 1902 所载 Capt. P. K. Kozloff, “The Russian Tibet Expedition, 1899-1901”一文第579页附图）。俄罗斯地理学会又将我国南疆的乌斯登塔格山、阿克塔克山改名为“普列热瓦尔斯基山”以旌其侵略有功（见 Geographical Journal Vol. IX, May, 1897 介绍 M. V. Pyevtsoff 1889—1890 在南疆与藏北高原一带考察一文，第547页等），可以考虑增入本文。

三、关于科兹洛夫

可提一句他在1899—1901年及1907年两次从北而南深入青藏高原，直至昌都北境及德格一带。并且亦使用武力，打死了藏族数人。（见 *Geographical Journal*, Vol. XIX, May, 1902; Vol. XXXI, April, May, June, 1908, 及 Vol. XXXIV, October, 1909 各期科兹洛夫报告。）

四、关于齐比科夫

可补充他以布里雅特蒙古族喇嘛的身份，于1900年混入西藏地方后，居住一年多，盗走有关历史、地理、医药、天文等方面的藏文书籍共319卷（帙），后由俄罗斯地理学会赠送给俄国科学院。（语见 *Geographical Journal*, Vol. XXIII, Jan. , 1904, 介绍齐比科夫的拉萨之行一文，第92页。）

五、关于多尔吉耶夫

联系到多尔吉耶夫的间谍活动，是否可顺带一提策仁贝，他是多尔吉的门徒，亦受雇于沙俄政府，长期潜伏在我国西藏地方，利用他布里雅特蒙古族喇嘛的身份，为沙俄的侵略政策积极效劳。关于他的事迹，可参考：

Wilhelm Filchner, *Sturm über Asien*, Berlin, 1924;

John Mac Gregor, *Tibet, A Chronicle of Exploration*, 1970;

Journal of the Central Asian Society, Vol. XIV, 1927, Pt. IV, 及 Vol. XV, 1928, Pt. 1, 连载"A Story of Struggle and Intrigue in Central Asia"一文。

关于西藏交通史的参考书目

关于西藏与邻近地区的交通情况，散见于各书，并掺杂在其他内容之中，并无专著。

汉文部分，如吴丰培同志所辑《川藏游踪汇编》，对各路交通情况，均有收辑。但主要偏重于川康一路，因为这是近三百年来西藏同内地的主要通道。

外文有关这方面的记载，书目繁多，一般以旅行记为主，西方作者具有现代科学知识和训练，因而对自然及人文地理的观察较为全面，亦比较准确。虽不能同最近的调查成果相比，但对当时情况，仍有许多参考价值。

19 世纪后半期，随着资本主义列强侵略势力的深入，西方各国纷纷对我国青藏高原进行所谓探险调查，并各有重点。例如沙俄从蒙古、新疆南下，重点是青海湖、黄河源及果洛地区一带；法国以湄公河、红河源出自我国西南，溯江而上，每以昌都、德格以北的澜沧江、金沙江上游为其重点；德国侧重于安多之塔尔寺、拉卜楞地带；意大利致力于极西的喀喇昆仑、拉达克等处。但比较以上各国，英国则最为系统亦最全面，英人足迹遍及西藏及青、甘、川、滇的藏族地区。日本、美国在这方面，较为后起。此外，西方各国的教会组织，也有竞争，但除 18 世纪有过几次试探之外，大多围绕着青藏高原的边缘或外围有所发展，始终未能深入，更谈不到进入西藏地方。这方面公开的著述也不多。

现在仅就浏览所及，将涉及西藏交通情况的书目略举一些，仅供参考。

Pereira, Brig-Gen. G. *Peking to Lhasa*, London, 1922。《从北京到拉萨》，此人从东路入藏，步行到拉萨，对沿途情况，记载简略，但可作参考。

Teichman, E. *Travels of a Consular Officer in Eastern Tibet*, Cambridge, 1922。《一个领事官员在康东的旅行》，对川边、康东的南、北两路作了旅行，记载较详。此行即作者以调解藏军到昌都与地方部队的冲突为名，对当地情况，作了广泛调查。

Bailey, F. M. *China-Tibet-Assam: A Journey in* 1911, London, 1945。《中国—西藏—阿萨姆，1911 年的一次旅行》，记作者从巴塘经察隅到萨地亚一路的情况。

Ward, F. Kingdon, *The Riddle of the Tsangpo Gorges*, London, 1926。《雅鲁藏布大峡谷之谜》，此人对雅鲁藏布江下游包括波密、珞隅、察隅以及门隅曾作过调查，著作甚多。其主要兴趣为采集植物标本，但对地理、人文、交通情况等都有记载。

Landon, P. *Lhasa*, 2 vols. London, 1905。《拉萨》，1904 年英军侵藏时的随军记者，对从锡金、不丹到江孜、拉萨一路程站，均有记载。但这方面的资料甚多，其他书目，不另列举。

Wessels, C. *Early Jesuit Travellers in Central* Asia, The Hague, 1924。《早期耶稣会教士在中亚的旅行》，记明末清初几批最早的耶稣会教士进藏的路线和情况，包括北路、西路、南路（即西宁到拉萨、拉达克到拉萨、拉萨到尼泊尔诸线）的情况，但有些地名，无法核实。

Sherring, C. A. *Western Tibet and the British Borderland: the Sacred Country of Hindus and Buddhists*, London,

1906。《西部西藏和英国边境：印度教徒和佛教徒的圣地》，作者为印度 Almora 副专员，此书记作者从尼泊尔以西越境到我国阿里、马品木湖一带的情况，亦即现在尼泊尔、印度人士朝拜冈底斯山的道路。

Rawling, C. G. *The Great Plateau*, London, 1905。《大高原》，1904 年英军侵藏后，派出经由后藏、阿里前往西姆拉的一个勘测小队的行程记录。

Hedin, S. *Transhimalaya. Discoveries and Adventures in Tibet*, 3vols. , London, 1903-1913。《外喜马拉雅山——在西藏的探险和发现》，对阿里及后藏一带的对外交通情况，散见各章，可以参考。

Thomson, T. *Travels in Western Himalaya and Tibet etc. in* 1847-1848, London, 1852。《喜马拉雅山西部和西藏的旅行》，作者为鸦片战争后被派到我国西藏与克什米尔、拉达克等地接境的山区进行调查，准备划界的英方人员，故对阿里与以西地带的交通路线及情况，记载较多。

Huc, M. *Souvenirs d'un Voyage dans la Tartaric et le Tibet*, 1844-46, 2vols. , Paris, 1878。《鞑靼草原与西藏旅行记》，记从塔尔寺至拉萨及从拉萨到打箭炉沿途情况的章节，可以参考。书有英译本。

Wellby, M. S. *Through Unknown Tibet*, London, 1898。《横越羌塘》，作者与另一英军军官自拉达克入境，横越羌塘这片藏北高原，到塔尔寺，对沿途路线均有记载。

Prejevalsky, N. *Mongolia, the Tangut Country and the Solitudes of Northern Tibet*, 2vols. London, 1876。《蒙古、唐古忒及荒凉的藏北高原》，记从青海湖到那曲及黄河源一

带情况，对青、甘、藏北一带交通路线，可资参考。原书俄文，有英译。

Rockhill, W. W. *The Land of the Lamas*, New York, 1891。《喇嘛之乡》，记作者自西宁而南，后经昌都、川康一线东行的调查路线。因作者通藏语文，了解藏情，记录较为可信。

MacGregor, J. *Tibet, A Chronicle of Exploration*, New York, 1970。《西藏探险史》，如果上列书目，有参考价值，此书可以一看，虽不太全，但比较新，可提供线索。书后附参考书目。

西藏喇嘛教与国外关系概述*

藏传佛教的兴起，是大乘佛教传入我国藏族地区后的一个发展。公元 7 世纪，当吐蕃王朝崛起，成为青藏高原一股强大的军事政治力量的时候，佛教势力已遍布高原周围，是当时亚洲传播最广，亦是影响最深远的宗教之一。一方面，从我国中原腹地到西域的统治者，大多崇信佛教，广事推扬。各族僧人沿着这条丝绸之路的孔道，踪迹相连，往来不绝，佛教影响也随着唐朝和吐蕃关系的加强，不断传入青藏高原，受到吐蕃统治者的重视。另一方面，佛教在喜马拉雅山外的中印度、克什米尔、尼泊尔等地的鼎盛时期，虽已过去，佛教组织由

* 此稿为1964年中国社会科学院民族研究所印行的单行本，未正式发表。

于内部分化和其它宗教的竞争，而渐趋衰微，然而在这里比较晚起和内容庞杂的所谓大乘佛教，却仍不断地向北路扩展影响，终于越过喜马拉雅山，而进入青藏高原。藏传佛教正是处于这两股强大的佛教势力汇流和影响之下，在沿雅鲁藏布江流域首先形成和壮大，并确立了自己的生命和发展道路的。

佛教最初发源于印度，但作为一个独立的宗教，它始终没有能在印度本境扎下一个牢固的根基。① 佛教后来的发展和广泛传播，都是在外地，而不是在印度。

约当公元前 3 世纪，摩揭陀国的阿育王王朝凭借政治军事潜力，推扬佛教，当佛教远播东南亚一带的时候，佛教在沿喜马拉雅山的克什米尔和尼泊尔等地和盛行于亚洲各地的时候，佛教内部已产生了不同的派系，小乘大乘之分，即从此发端，向外不断扩张，分道扬镳，传播到不同的地域范围。依照后来分布的情况看，大致是小乘南传，盛行于锡兰、缅甸、泰国、柬埔寨和东印度群岛一带；大乘北传，盛行于克什米尔、尼泊尔、我国内地以及朝鲜、日本，最后进入我国的青藏高原。所以，当7 世纪始，吐蕃统治阶级已不能满足于原来发源于氏族信仰的苯教，而需要一个具备更完整体系的宗教来作

---

① 一个现代印度作者说得好，许多知名学者在他们的书名或章节上，有所谓“佛教的印度”一类的提法，是一个流行的错误。

他指出以整个印度来说，实际上从来没有一个什么佛教的印度。即以印度历史上推崇佛教著称的阿育王时期来说，不但没有证据足以说明当时印度的多数人民信奉佛教，就连王室内部亦并不如此，因为阿育王之孙信奉耆那教，其曾孙又信奉印度教。语见 Mita, R. C. *The Decline of Buddhism in India*, Visva Bharati, 1954, 引言部分，第 2—3 页。

这种看法在印度学术界中有相当大的代表性。

他们统治的支柱时，他们一面从中原和西域一带，一面从喜马拉雅山外接受的佛教，主要是这后起的大乘佛教，其中盛行于克什米尔和尼泊尔等处的密宗影响，尤其占据了一个重要地位。

关于喜马拉雅山外的大乘佛教如何形成的过程，至今还有不少的争论。然而早在公元7世纪之前，这些地区的佛教已吸收了大量外来的影响，经历了一系列的重大变化，这是大家公认的事实。佛教史上盛传的几次重要集会,① 已经过去，佛教重心已从中印度迁移到现今的克什米尔及其邻近一带。最初的佛教经典是用巴利文记录的,② 到此梵文成了佛教的经典语言。知名的大师，从马鸣、胁尊者到自成一家言的龙树、无著、世亲等人,③ 先后辈出，他们通过著述宣扬了各家不同的见地，引起佛教思想内容上的一次巨大的变化。以咒法为主的各种庞杂的密宗信仰，亦随之流传，形成克什米尔和尼泊尔一带佛教的特色，许多新神随之进入庙坛，成为广大信

---

① 佛教史上，传说早期的佛教僧徒有过几次重要的集会。第一次集会，于释迦牟尼涅槃后不久，在王舍城（Rajagriha）举行。第二次集会，约在此后的一百年于毗舍离（Vaisali）举行。第三次集会，于阿育王时在华氏城（Patliputra）举行。这三次集会的地点，都在中印度一带。值第四次集会是在印度西北的克什米尔一带举行，至于确定地点尚无定论。梵文的佛教典籍亦从这时期才开始广为流行。这是佛教起了重要变化的一个标志。

② 木村泰贤:《原始佛教思想论》，欧阳瀚存译，民国二十二年，商务印书馆，第1—7页。

③ 马鸣（Ashvagbpsha）、胁尊者（Parshva）、龙树（Nagarjuna）、无著（Asanga）、世亲（Vasubandhu）都是当时的大师。龙树创中观，世亲创唯识，成为佛教思想上著名的两大体系。但关于这些人物的正确年代，颇难稽考，对马鸣是否到过克什米尔，亦尚有争论。

徒的崇拜对象。受希腊影响的乾陀罗式的艺术，又从绘画、雕塑等形象方面丰富了佛教建筑的外形和内容，扩大了对民间的宣传效果。到此，佛教已成为一种比前具有更大的适应力和吸收能力的宗教信仰了。

正是克什米尔和尼泊尔等地的大乘佛教已经历了这一系列变动之后，吐蕃统治者派遣的使者怀着罕见的求知欲，一批又一批地越过喜马拉雅山去，把它移植了进来，使它在这片新土壤内，又吸收了土著信仰，苯教的因素，从而产生一种具有自己特色的佛教形式，被称为藏传佛教。①

藏族史上，一般以公元 9 世纪中叶开始的近百年的政治混乱作为分界，把佛教的兴起划分为“前弘期”与“后弘期”的两大阶段。这亦正好标明公元 7 至 8 世纪间和后来 11 至 12 世纪间大乘教的影响从喜马拉雅山外涌入的两个浪潮。

用一个普通人的眼光来看，从 7 世纪前期，被吐蕃王室派往印度游学的吞米·桑布扎采用古印文字体，创制藏文字母，开始有了自己的文字，于是，在王室和一部分贵族的倡导下，从各地延聘了许多僧人来，开始翻译佛教经典、兴修寺庙，藏族子弟出家为僧，外国僧人从喜马拉雅山亦陆续进入。他们在翻译了大量梵文佛教典籍，使藏族文化盖上一个浓厚的佛教烙印。这就是前弘期藏族从外地输入或移植佛教的主要过程。

佛教传入吐蕃，不久引起另一部分酋豪势力的抗拒，土著的苯教与这外来的佛教又极不相容。唯有从克什米

① 密宗信仰的兴盛，就是藏传佛教的主要特征之一。

尔和尼泊尔一带传来的密宗信仰，由于比较接近苯教而受到较小的阻力。关于这时期，有一个各种传说的中心人物叫莲花生（Padma-Sambhava），据说他在8世纪中叶来自现今克什米尔以西的乌苌（Udyana）地方。乌苌自来是以盛行怛陀罗和密咒著称的地方，莲花生就是以传扬密法，创造奇迹，成为一个被神化了的人物的。从现存的吐蕃时期的碑铭石刻和文献记载来看，几乎找不到这个人物的影子。然而关于他的神话，却广泛传布于沿喜马拉雅山南北。这些神话虽荒诞不经，但有一个共同点，就是竭力渲染他如何施行咒术，降服山神地怪，把这些原来对抗佛法的凶神恶煞，一一点化为保卫佛法的神灵和护法。这可能是后期的佛教信徒在运用自己的观点和想象，试图通过这一人物来形象地说明外来的佛教在容纳了大量土著信仰之后，渐渐在吐蕃社会中传布开来的一个转变过程。

到9世纪中吐蕃王朝的末期，一部分贵族势力曾拥戴朗达玛为赞普，同时大事排斥佛教。之后在这吐蕃崩溃近百年的动荡中，佛教僧侣由于失去了原来王室的庇护，更不得不致力于觅取民间信仰的支持，以保存和巩固自己的地位。于是佛教的密宗与各种土著信仰日益交融，佛教与苯教的距离愈趋愈近，有的佛教经典，被人改头换面后，变成了苯教经典，这就是佛教在所谓后弘时期能够在西藏得到迅速发展的原因之一。然而在这时候兴盛起来的佛教也就势必带有愈来愈多的西藏地方的特色了。

在这之前，佛教曾一度受到挫折，就是吐蕃赞普朗达玛排斥佛教的经过。吐蕃奴隶制政权，也大约同时开始土崩瓦解。到 10 至 11 世纪之间，西藏社会朝向封建制发展的时候，有两股佛教势力在卫藏地区汇合，一时佛教寺庙蓬勃兴起，成为封建主阶级统治的有力支柱。一股来自现今的甘、青、川、康地区，藏族佛教史上按照卫藏一带对高原地形的习惯称谓称之为下路弘法；另一股来自接邻克什米尔和尼泊尔的阿里地区，藏族佛教史书称之为上路弘法。[①] 所谓上路弘法，就是指西藏地方从喜马拉雅山外第二次接受大乘佛教密宗影响的经过。

密宗首次传入西藏并和大量土著信仰糅合的结果，是使当时西藏佛教的面目起了极大的变化，这在被称为苯教策源地的阿里一带，尤为显著。约 11 世纪时，阿里古格王朝（吐蕃王室支系）的绛曲斡（Byang Chub 'Od）曾经慨叹过，阿里地区的各种咒术风靡一时，并盛行杀牲血祭，便溺供佛，他认为凡这一切都是假大乘之名，而日见泛滥的；因而他呼吁要立加制止，以挽救他所谓纯净的佛法。并且他又提出密宗信仰究竟是否算得真正佛教的这个问题。[②] 这种看法固然代表一个佛教徒想排斥当时的外道影响的私见，但亦充分说明佛教传入西藏之后已起了巨大变化的这一事实。然而尽管如此，就以这后弘时期上路弘法的内容来看，密宗信仰仍然受到当时

① 卫藏一带的居民，习惯称西北为上，东南为下，这代表他们对祖国青藏高原整个地形的总概念。亚洲几条最著名的大河流，包括黄河、长江在内，都发源于我国青藏高原西北部的阿里和羌塘一带，而西藏人口集中的雅鲁藏布江流域，其江流亦自西而东，横贯卫藏，最后折向南流。这一切证明这一总概念的正确。

② 见 Tucci, G. *Tibetan Painted Scrolls*, Roma, 1949, 卷一，第 7—8 页引松巴堪布语。余如《布敦佛教史》《青史》等西藏僧人著作，在叙述后弘期的开始，亦都提到绛曲斡对怛陀罗的怀疑。

封建统治阶级的大力推崇和提倡而占据一个重要地位，密宗的发达终于成为西藏佛教的一大特征。

这就是所谓后弘期的开始。如果前弘期的特征是佛教输入或移植到西藏的经过，那么后弘期的特征就是佛教在这片新土壤里开花结实，并开始了一条自己的发展路程。试看后弘期初期几个重要人物，如仁钦桑波（Rin Chen bZang Po, 958—1055）曾去克什米尔一带游学，并罗致了大批梵文学者来与藏族文人合作，从事大规模的译经，这是后弘期上路弘法中的一件大事。他们翻译的经典，即以密宗部分为主。藏文的密宗经典，有所谓新译与旧译之分，即以仁钦桑波来划分，在他以前所译的称为旧译，从他开始的称为新译①。较仁钦桑波稍晚的卓弥释迦耶歇（'Brog Mi Shakya Ye Shes, 994—1078）亦是后弘初期上路弘法的一个重要人物。他曾先去尼泊尔修习梵文，后往印度著名的毗柯罗摩尸罗寺（Vikramasila）住过8年。回来后，从事译经和传授密法。他门下有名的弟子甚多，如衮却结布（dKon mChog rGyal Po, 1034—1101）于1073年建萨迦寺，就是后来从13世纪盛行一时的萨迦派的发源地。又如玛尔巴（Mar Pa Chos Kyi bLo Gros, 1012—1097），先从卓弥受业，后往尼泊尔，并三去印度，所传弟子更多，支系繁衍，在12世纪至14世纪间发展为噶举派及其大小分支。萨迦和噶举是受元、明两代中央朝廷推崇的最为发达的西藏两个教派和寺庙领主集团。

---

① 洛桑·却吉尼玛：《善说诸宗源流及教义晶镜史》，民族研究所复制汉译本，第23页及有关部分。

仁钦桑波、卓弥、玛尔巴都以精通梵文而有“罗咱哇”（译师）之称。在他们之后，虽然西藏译师辈出，许多僧人跟踪他们越过喜马拉雅山去研习梵文，回来后广事译经，推扬佛教，成为一时的风气，然而更重要的是藏族僧人中，以“大凯巴”（大学问家或班智达）的名声远播，独树一帜的人才，不断涌现，在不同领域创造出藏民族独特的宗教文化业绩，历久不衰，终于使喜马拉雅山外的佛教重心，渐渐移入我国的西藏地方。

应当指出，佛教从喜马拉雅山外移植到我国西藏的过程，还得力于一部分外力因素的促成。10 至 11 世纪间，佛教在中印度已呈衰落，它不仅受原来的印度教的排挤，并开始遇到新来的伊斯兰教的强大压力。著名的佛教重镇如玄奘法师去学过经的那烂陀（Nalanda）寺已非复当年，至于毗柯罗摩尸罗与欧丹多富梨（Otantapuri）等寺，虽还风范犹存，但亦难以挽回颓势。从 11 世纪初，印度西北的穆斯林统治者开始征服全印度，到 12 世纪末叶，保存佛教残余的比哈尔一带，亦被卷入伊斯兰教势力之下。于是，局促于克什米尔、尼泊尔和印度若干据点的佛教僧徒，在这汹涌而来的异教压力之前，开始感到岌岌自危，他们为了逃避最后落入异教统治势力之下的命运，不得不另谋发展，这就促成了他们转向喜马拉雅山北的我国西藏地方寻觅出路的动机。11、12 世纪时，从这些地区进入西藏的外国僧人，日益增多，其中最著名的一人就是印僧阿底峡（Dipankarasrijnana Atisha, 982—1054），在 1038 年经由尼泊尔进入阿里。阿底峡原来是毗柯罗摩尸罗和欧丹多富梨等寺的大师，他是应吐蕃王室的支系阿里古格王的邀请而来，约定以三年为期，期满是要回去的；但他到了西藏之后，终于放弃了回印度的想法，遍游卫藏，直到老死于拉萨西郊。到12世纪末，阿底峡的母寺被毁，有名的克什米尔班智达释迦师利（Sakyasri, 约1127—1225）不得不离开那里，于1204年进入我国西藏，亦居留10年之久。这两个外来僧人就是当印度佛教没落时期，一部分僧徒从喜马拉雅山外避入我国西藏地方的著名例子。① 一般藏传佛教史上，对这两人在后弘期初期所起的影响，给予很高的评价。尤其阿底峡，他的亲炙弟子仲敦巴（'Brom sTon Pa rGyal Ba'i 'Byung gNas, 1005—1064）于1056年建热振寺，这是噶当派兴起的开始；阿底峡到西藏后所著《菩提道炬论》一书，又是后来宗喀巴（Tsong Kha Pa bLo bZang Grags Pa, 1357—1419）一脉遥承的《菩提道次第论》这一名著的主要依据，而宗喀巴是后来最盛行的教派格鲁派（即黄教）的鼻祖。凡是藏传佛教的几个主要宗派，无不在这时期的卫藏地区纷纷出现，各自标榜，树立门户。这固然是西藏政治的封建割据状态在宗教上的反映，但同时亦表明：从这后弘期开始的百余年间，西藏佛教吸取外来影响，向之摹拟仿效的阶段，已告终结；并且从此开始，西藏佛教日趋成熟和定型，具备了它自己愈来

---

① 阿底峡到西藏的桑耶寺，看到寺中藏书有许多梵文典籍，都是他在印度也未见过的，为之叹服。阿底峡是来自当时印度佛教重镇的知名学者，所见梵文书籍，反不及桑耶寺收藏之多，足见当时的印度佛教已经颇为衰落，在另一方面也证明一般藏族僧人著作中所记朗达玛毁法，或者并没有那样严厉，也许言过其实。

参考刘立千著《续藏史鉴》，成都华西边疆研究所，1945年，第4页。又宣奴贝《青史》英译本，Roerich, G. *The Blue Annals*, Pt. l, Calcutta, 1949年，第257页。

愈多的特征，走上了它自己独特的繁荣和发展道路了。

这就是藏传佛教或俗称喇嘛教所经历的成长过程。从此，藏传佛教围绕着几个中心寺院和祖师，慢慢建立起一套自己的传承和体系，一时教派纷争，人才辈出，从教理到寺庙和僧侣组织，都与藏族社会制度紧密结合到一起，宗教影响深深渗透到藏族社会的政治、经济、文化的各个方面。一方面，从高原生活的物质条件出发，产生了一套极端简化和刻板的崇拜和祈祷程式——将无数土著的山灵地怪，接纳为辅助的神道和护法，以适应广大信徒的接受力；另一方面，藏族僧人和信徒以惊人的虔诚和毅力，发挥了他们的聪明才智，创造出独特灿烂的民族文化。纵观一千三百余年的藏族历史，可说有过两次文化高潮，一次是在吐蕃王朝时期，也就是所谓佛法前弘期，一次是这后弘期，尤其是从 13 世纪至 16、17 世纪之间。以一个非宗教徒的眼光看，这三四百年间藏族文化上的成就，似还没有得到应有的评价。尽管这时期的教派纷争，此起彼伏，始终未断，然而规模毕竟有限，但从文化发展的角度看，从偏重整理的“内学”到包括各种入世和实用的“外学”，如医药、历算、建筑、绘画、雕塑，以及正宗佛学、文法、辞书、诗歌、传记、历史等方面的重要著作，相继问世。至今保存的城堡、碉楼、寺庙佛塔和铁索桥，大多属于这一时期的建筑。13 世纪，从中原传入木刻印刷术的结果，使文化传播向前跨越了一大步。大学者布顿（Bu sTon, 1290—1364）主编的《甘珠尔》和《丹珠尔》两大佛学丛书，被世界公认为研究佛学的宝典。藏文成了佛教又一种经典语言。西藏的几所古寺被视为各大小宗派信仰的源头，各派宗师已不再南向喜马拉雅山外去寻觅新的信仰的灵感，而是北向中原觅取新的力量，在元、明、清三朝中央朝廷的推崇和扶植下，藏传佛教蒸蒸日上，它不仅扩展到我国西部的南、北两路，偏及蒙古，而且远达国外的西伯利亚的贝加尔湖和高加索的伏尔加河岸了。到17世纪时，除卫藏地区的达赖喇嘛、班禅之外，外蒙古有喀尔喀哲布尊丹巴（亦称博克多格根），内蒙古有章嘉呼图克图。这四个活佛系统，格鲁派号称四大呼图克图，拉萨成了格鲁派为首的藏传佛教的圣城。

藏传佛教北向蒙古传播的同时，又南向沿喜马拉雅山边境的藏族地区巩固自己的影响。喜马拉雅山外的藏族居民，被称为博提亚人(Bhotia 或 Bhotiya)①，宁玛、萨迦、噶举、格鲁各派都在这里广泛传播，其中为拉达克、锡金②、

---

① 博底亚（Bhotya, 或 Bhotea、Bhotiya 等不同拼写）是印度平原至喜马拉雅山一带的居民对藏人的总称。这字的字根即藏族自称“博巴”的“博”(Bod)，博底亚就是“博”地方的人，亦就是藏人的意思。

有人认为，7 世纪时创制藏文字母的吐蕃大臣吞米·桑布扎一名的布扎，就是博底亚。

同样，不丹一名亦源出“博”的字根。一说，不丹就是“博”地方的终点的意思。

事实上，不丹一名亦被早期外人用来指我国的西藏地方。例如 1774 年 5 月 31 日，英国东印度公司总监华伦·海斯汀司派波格尔潜入我国西藏（见下文）的指令中，即用不丹一名指我国的西藏。见 Markham, R. C. *Narratives of the Mission of George Bogle to Tibet and of the Journey of Thomas Manning to Lhasa*, London, 1876, 第 6—7 页。

② 关于锡金的历史，亦无系统资料，这里依据 Waddell, L. A. *The Buddhism of Tibet*, 1895, 第 47—51 页。一般著述，都同意此说。

不丹[①]的宗教信仰更与西藏有不可分割的关系。[②] 他们信奉的已不是古印度、尼泊尔[③]、克什米尔原来的佛教，而是起源于卫藏和带有浓厚的藏族特色的“喇嘛教”了。

这样，到17世纪西方资本主义势力东侵，一面想从海上打开我国沿海的门户，一面又想探索一条亚洲的内陆路线进入我国腹地。欧洲的传教士们，就把目光首先转向这片藏传佛教的流行地区，而当时已沦为西方殖民势力基地的印度，成了他们一个理想的出发点。这时正

---

① 不丹是喜马拉雅山迄未开放的地区之一，其文献记录，据传已大部毁于火灾，因而关于不丹历史，尚未见有系统的介绍，常为人所引用的是 White, J. C. *Sikkim and Bhutan*, London, 1909, 一书。据作者自称，他采用了一部分藏文资料，但内容极为贫乏。据该书第101—104页，不丹的第一世法王来自西藏热陇（在江孜以东），名那旺土空多杰，或称夏仲阿旺囊杰，约生于1534年，死于1591年。

② 加德满都有古塔一座，相传内贮释迦牟尼遗物，为历来佛教徒朝拜的圣地。塔名斯瓦阳布纳特（Svayambunath），我国藏族即称其地为阳布（Yam Bu），清季一般汉文记载亦称加德满都为阳布。

西藏噶玛噶举派僧人与尼泊尔佛教徒的关系特深，17至18世纪间，这一派的僧人曾几次兴资派人修葺此塔。（Wright, D. *History of Nepal*, Cambridge, 1877, 第215—230页。）

现在塔旁及相距不远的菩提纳特（Bodhnath）塔旁，都有藏族的喇嘛庙，并有藏族僧人常住在那里。（Snellgrove, D. L. *Buddhist Himalaya*, Oxford, 1957, 第93—100页。）

③ 印度教在尼泊尔各地盛行，时间甚早，但自1769年，廓尔喀族统治者攻占加德满都，建立王朝，统一尼泊尔后，印度教乃成全国居统治地位的宗教信仰。尼泊尔中心地区的土著居民为尼瓦尔族（Newar），他们和我国有悠久的历史关系，至今在西藏经商的尼泊尔商人，亦都是尼瓦尔人。我国藏族称尼泊尔为白域（Bal Yul），又称尼瓦尔人为白波（Bal Po），即清季汉文记载中的巴勒布。

尼瓦尔人素称佛教徒，但近来已颇受印度教的影响，他们亦崇拜印度教神湿婆，并盛行种姓制度。尼瓦尔的情况很足以说明印度教势力在喜马拉雅山南部不断扩展的影响。

值我国明代末叶，噶举派与格鲁派互争雄长，使前、后藏地方陷于严重的分裂，这又为他们提供了有利的条件。

很早以来，西方教会中流传着我国西部有大批景教徒的传说，并且另有用心地宣传蒙藏地区的佛教与我国中原地区的佛教不同，无论从宗教仪式或上层僧侣的服饰来看，倒有很多同欧洲天主教极为近似的地方。

1624 年，印度果阿（Goa）教区的耶稣会（Jesuit）教士安东尼·德·安瑞德（Antonio de Andrade）等化装成朝圣的印度教徒，潜入我国阿里的泽布隆，这是第一批进入我国西藏地方的欧洲教士，他们于这年 4 月 12 日在泽布隆建立的教堂，就是我国西藏的第一所天主教堂①。据说他们被尊称为“西方喇嘛”，并没有受到任何歧视。这些教士在阿里取得初步的成功，更鼓励印度的耶稣会教士作进一步向卫藏中心的试探。1627 年，又有两名教士斯蒂芬·卡塞利亚（Stephen Cacella）和约翰·卡夫拉尔（John Cabral）从不丹混入日喀则活动，并想同阿里的传教士取得联系。这些欧洲教士的活动，虽不久受到西藏僧俗群众的反对，而宣告失败，但是安东尼·德·安瑞德的入藏报告于 1626 年在葡萄牙发表时，立即引起欧洲的广泛注意，促使罗马教廷产生把势力伸

---

① 据这些教士自称，他们在建立这第一所教堂之后，又在阿里班公湖东的日土（宗）和拉达克的列城发展了两个据点，他们极受欢迎，被尊为“西方喇嘛”，到 1627 年时，甚至卫藏地方亦闻名来邀请过他们。见 Wessels, C. *Early Jesuit Travellers in Central Asia*, 1603-1721, Hague, 1924, 第二、三章。

但据后来的记载，在阿里泽布隆（今阿里地区札达县境内）等地已找不到关于他们传教活动的任何痕迹。

入这喇嘛教中心的雄心。

1661年，又有两名在我国内地的耶稣会教士约翰·格鲁培（John Grueber）与阿尔培·道费尔（Albert D'Orville）经由西宁、黑河，到达拉萨，而后取道西南从聂拉木出境，经尼泊尔、印度，返回欧洲。这一旅程正好纵贯我国西北、西南藏传佛教的传布地区，引起西方国家更大的重视。约翰·格鲁培的书简，大部分是拉丁文的，被编入一些介绍中国的专书后，立即被译成英、法等国文字，广为传布。当时的奥皇利奥波尔一世就写信给耶稣会总监，表示他已指拨专款，用以赞助对这条通达中国的大陆路线再作进一步的探察。

到18世纪初，印度的另一个欧洲天主教组织，卡布遣（Capuchin）教会，就根据这些线索，于1707年派人从尼泊尔进入拉萨。[①] 从此，卡布遣教士陆续而来，他们还向梵蒂冈争取到我国西藏地方传教的特许权，带来了罗马教皇的厚礼，在拉萨建立了教堂，先后活动达30余年之久。但在梵蒂冈还没有来得及将这决定通知印度的耶稣会之前，又一名耶稣会教士伊布列多·德西德里（Ippolito Desideri）于1716年自拉达克入境，他不仅到了拉萨，并且进入小昭寺和色拉寺，当了僧人。[②]

这些西方教士纷至沓来之日，也正是格鲁派寺庙集团与和硕特蒙古固始汗后裔争夺卫藏地方权力，斗争剧

① 见 Wessels, C. *Early Jesuit Travellers in Central Asia*, 1603-1721, Hague, 1924, 第七章。

② 见 Desideri, I. *An Account of Tibet*, Revised Edition, London, 1937, 第65页，注4。

烈的时候。到18世纪中期，经过清政府几度用兵，平息纷争，稳定西藏政局之后，这些外国教士才无隙可乘，终于在1745年全部撤离，从此绝迹，1847年，拉萨还把他们留下的书籍财物，一概送交驻尼泊尔的英国代表归还给罗马教廷。①

这些欧洲教士的初期试探，到此告一段落。他们的书简札记，就是西方最早有关我国西藏和宗教的系统记载。② 至于前面提到的耶稣会教士德西德里，精通藏语文，能和三大寺的格西进行辩论。他还翻译了宗喀巴的《菩提道次第论》一书，并用藏文著述，驳斥佛教轮回及空性之说，据说他死后所遗藏文手稿，达一千余页之多。卡布遣的教士也编出了欧洲最早的一部藏文字典。这可说是西方基督教进入青藏高原后与藏传佛教的第一次交锋。

他们第二次交锋是在鸦片战争后，随着各帝国主义国家从侵略沿海，到进窥我国内陆广大的蒙藏地区的时候，西藏寺庙集团和上层势力就成为他们企图拉拢、打击、操纵、利用的主要目标，宗教的地位完全让位给政治地位了。在这方面，从19世纪70年代始的英国、法国、沙俄这三大帝国主义如何运用其不同策略相互角逐，

---

① 关于这些欧洲传教士的活动，现在拉萨一带已几乎找不到什么遗迹。拉萨当局曾于1847年将这些教士留下的书籍什物，送交驻尼泊尔的英国代表，归还罗马教廷。但在拉萨大昭寺内有一口钟，上镌拉丁文Te Deum Laudamus一语，应该是他们的遗物，至1960年，还悬挂在正对大门的前廊内。

② 这些卡布遣教会和耶稣会教士所遗书札文件，数量颇为可观。除一部分被辑入1762年罗马出版的Antonio Giorgi的*Alphabetum Thibetanum*一书之外，其余正由意大利人L. Petech陆续汇辑，并加注释，自1952年始分册在罗马出版。

在我国西北到西南展开一场人为刀俎、我为鱼肉的竞争过程，尤其具有广泛的典型意义。

19 世纪，资本主义列强利用教会组织来进行扩张是他们共同的策略。然而一面勾结梵蒂冈，一面依仗不平等条约特权，纵容教士激起不断的“教案”纠纷，成为我国各族人民的一种严重祸害的，当以法国为最甚。法国为了同英国争夺印度支那的霸权和掠夺我国的西南地区，将侵略矛头楔入云南、四川之后，即纵容其传教士从两省渗入青藏高原，来进一步扩大它在我国的势力范围。这当然引起西藏宗教上层的警惕。

早在第一次鸦片战争时，法国迫使清政府签订《黄浦条约》，并再三通令各地对天主教弛禁的同时，就有两名法国教士噶毕（Joseph Gabet）和宇克（Régis-Evariste Huc）（清代档案称他们为约则噶毕与额洼哩斯塔）① 化装成蒙古族僧人，从青海南下，于 1845 年到达拉萨，这是法国教士第一次深入我国西藏地方。但是当他们的身份一经暴露，立即引起拉萨僧俗势力的反对，并由驻藏大臣将他们从川康一路押解出境。5 年后，宇克发表的回忆录，虽经很多人指出不符事实，和违反常识的地方，然而竟成为当时西方行销最广的旅行记之一，20 年内，连出 10 版，被译成多种文字。他除了详细记载当时从拉萨到四川的官道，为过去欧洲人所没有了解的情况之外，

① 汉文记载中称他们为约则噶毕与额洼哩斯塔，见《筹办夷务始末》，卷七十五，道光二十六年丙午四月己丑，驻藏大臣琦善等奏折；同年闰五月乙巳，大学士四川总督宝兴奏折；又卷七十七，道光二十六年丙午十月戊辰，协办大学士两广总督耆英等奏折。

亦是最早一个公然诋毁我国主权、嘲讽西藏宗教，为侵略者提供侵略口实的吹鼓手。

与此同时，1846 年，梵蒂冈正式宣布要派人到我国拉萨设立天主教教区，并将它同我国蒙古、东北的天主教会组织一律划归巴黎的法国国外布道会（La Societé des Missions Etrangéres de Paris）管辖。① 到此，法国政府与罗马教廷勾通一气，对我西藏地方的野心，就日益公开了。次年，就有一名法国教士罗勒拏（Renou）化装成商人，从四川潜至理塘、巴塘，进行侦察，并建议其上级教会应取道四川官道，进入西藏。不仅如此，法国教士在我国四川、云南以及中、印、缅边境一带的活动，亦同时趋于嚣张。

1852 年初，法教士克里克（Krick）曾一度从印度阿萨密的东北潜入我国境内的瓦弄和察隅地方；两年后（1854 年）他和另一法教士蒲里（Bourry）再度进入，即为我国边境居民视为英国奸细，加以处决。同年，上述的罗勒拏又同一名为萧法日（Fage）的法国教士化装成赶骡帮的商人，进至云南的藏族聚居区。他们终于在怒江东岸的博木噶地方建立第一个基地，并通过收买和强占手腕，迅速扩大了这个据点。

到 1861 年，法国教会又趁第二次鸦片战争英法联军攻入北京的声势，派遣主教一人，率领四川、云南两路的大批教士，取道巴塘、宁静，直抵昌都，坚持要到拉萨去建立教区。这些教士平时起居服用，事事与清朝官

① 见 P. Pelliot 为 Huc & Gabet, *Travels in Tartary Thibet and China, 1844-1846*, London, 1828（英译本）一书所写的引言，第 xv 页。

吏攀比，自称大人，规定品级，出门乘轿，鸣炮喝道，把教堂变为衙门，视教民如同他们辖治的百姓，又利用不平等条约胁使地方官吏，压制藏族人民，甚至假传诏旨，霸占民产，干预政治。尤其他们利用当时瞻对（今甘孜藏族自治州新龙县）土司的武力，挑拨地方关系，唆使他们矛头西向，直指拉萨。这就激起了从川康地区到卫藏地方的一次声势浩大的反洋教斗争。这次斗争中，拉萨三大寺和扎什伦布寺联合其他寺庙发起的保护黄教，誓死不与洋人往来，不准洋教进入藏人地区的号召，极得人心。他们又通过驻藏大臣上书朝廷，要求明令严禁洋人再从四川、云南潜入藏人地区，以息民愤。

这次斗争由昌都居民首先发难，他们在清政府一部分官吏的支持下，一致奋起，把所有的法教士驱逐出境。于是宁静、巴塘、博木噶的僧俗人民，纷纷响应，起来反对法国教会，焚教堂，逐教士，收回教产，掀动了从昌都到川边、滇边广大藏族地区人民的斗争。这次斗争成为当时我国各族人民反洋教运动的一部分，它彻底粉碎了法国教会到拉萨建立根据地的企图，并对一切外国教会势力进行抵制，使其局限于藏族地区边缘，而始终无法深入。

到19世纪后半期，正是世界列强在中国争夺势力范围进入高潮，各国的所谓探险家、游历家、科学探险队从四面八方进入青藏高原，有的还有清政府的护照，责成沿途官吏加以协助和保护。这些人的最终目的无不是要到拉萨。他们的跋扈嚣张，甚至虐杀藏民的劣迹，使原来的反洋教斗争更趋激烈。拉萨当局开始感到清政府之不足恃，正是清政府官员对洋人的姑息和屈膝，助长了敌人的气焰和野心，从而在对外关系上对清政府滋生一种怨恨心理和愈来愈强烈的对立情绪。西藏地方与清政府之间的矛盾，主要是从这时期开始的。

与此相反，沙俄政府在对待藏族宗教问题上，采取了与法国政府完全不同的手腕。它不是打击，而是要加以利用。沙皇俄罗斯境内，号称有60万佛教信徒，外贝加尔湖的布里亚特蒙古，尤其是格鲁派的重镇。然而沙皇俄罗斯的国教是东正教，所以1853年，政府在外贝加尔地区设立宗教事务管理处，严格规定布里亚特喇嘛寺庙的总数，及各级僧侣的名额，凡定额以内的僧人，给予不同数量的土地，以资赡养；定额以外的，不予承认。从布里亚特僧人的上层喇嘛中，沙皇政府又选定熟谙俄文的喇嘛一人，委以班智达·堪布喇嘛的称号，来负责所有寺庙和僧众的事务，严加管理。班智达·堪布喇嘛向沙皇政府负责，他有权向政府举荐所辖各寺住持的人选，但须经政府批准加委后，才能管理各寺的行政。这样，这些上层僧侣已无异为沙皇政府机构内的一个官僚系统，他们的利益与沙俄统治者的利益完全一致了起来。

沙皇政府这样笼络布里亚特上层喇嘛，不仅是为了增强对布里亚特蒙古的统治，同时也是为了利用他们同我国蒙藏地区喇嘛寺庙的传统联系，以推行对我国的侵略政策。布里亚特寺庙不仅尊重当时蒙古库伦的博克多·格根，并且在其经院组织上，对我国的拉萨三大寺和日喀则的扎什伦布寺都保持着直接的隶属关系。布里亚特僧人一致尊奉黄教四大寺为他们学经的最高学府，其上层僧侣无不企求到四大寺去进修，取得格西学位，作为完成学业的最高成就。同时，在这四大寺及其所属的庞大的寺庙系统内，布里亚特僧人亦受到与我国蒙藏僧人同样的待遇。这样，少数被沙俄利用的布里亚特僧人便得以通过这种宗教关系和接近西藏上层喇嘛的机会，在我国西藏地方的统治阶级中扩大沙皇俄国的影响。例如19世纪至20世纪之交，英帝国主义咄咄逼人，准备发动武装侵略西藏的时候，布里亚特僧人阿旺·德尔智在西藏的活动就是其中一个最著名的例子。

阿旺·德尔智是哲蚌寺的拉让巴格西，因为陪伴第十三世达赖喇嘛学习因明，有参宁堪布的职衔，得以接近当时拉萨最有权势的上层。他从1898年起便多次往来于拉萨和圣彼得堡之间，带了几名拉萨的僧官，通过沙皇宫廷的亲信关系见到了尼古拉二世，为沙皇与达赖喇嘛交换了私函和礼物。沙俄报纸便大事宣扬，把这种既可作为宗教联系又具有政治含义的活动，指称是我西藏地方当局在寻求俄国援助以抵御英国侵略的表示。英帝国主义更趁此叫嚣沙俄势力已侵入拉萨，构成对英印帝国安全的威胁，并作为他们1904年侵略拉萨的一个根据。

德尔智的活动当然远不止此。① 他利用当时拉萨上层

① 在关于阿旺·德尔智的各种说法方面，日本河口慧海的活动，值得一提。

河口慧海于1897年化装成蒙古僧人，从印度潜入西藏，住过色拉寺，至1903年回日本，被誉为第十个进入西藏的日本人。他在日本的《时事新闻》和《每日新闻》上连续发表有关西藏的文章，颇受欢迎，后来由他自己译成英文，汇辑成书，名为《旅藏三年记》，于1909年在印度出版。

据他说，阿旺·德尔智曾在拉萨散发过一种秘密的小书，内称：过去某山高僧授记中预言将在北方某地兴起的佛国“香巴拉”，就是指沙皇俄国，尼古拉二世就是宗喀巴的转世。

河口慧海的另一说法，是当时有一部分西藏僧人相信英国皇后维多利亚

对英国的仇恨和对中央政府的怨望，诱发达赖喇嘛及其左右的亲俄心理，将其归为都是出以保护宗教的名义。他把佛教传说中的“香巴拉”乐土说成就是北方的俄罗斯，沙皇尼古拉二世是佛教的护法、东方的救主，甚至说尼古拉二世就是宗喀巴转世。直到爆发大革命，他和他的几名同伙一直效忠沙皇，充当国际间谍，利用他们宗教徒的身份，从事政治阴谋活动，已是不容否认的事实。

当然，侵略我国西藏地方蓄谋最久、用心最深的是英帝国主义。

早在18世纪中叶，英国巩固了对印度部分地方的统治时，就把目光转向喜马拉雅山北的我国西藏。因为当时清政府在沿海厉行闭关政策，所以英国想打开西藏这一门户，作为进窥我国腹地的捷径。大家知道，1773年，英国东印度公司趁孟加拉北境的库齐贝哈尔土邦与不丹发生争执，进行干涉，入侵不丹，第六世班禅额尔德尼·贝丹益西（dPal lDan Ye Shes, 1738—1780）徇尼泊尔、不丹之请，写信调停，英国东印度公司趁此收兵，立即派人到扎什伦布寺进行联络。这是英国势力与我国西藏的第一次接触，最先亦是由于西藏和不丹的宗教关系引起的。然而英国进行扩张侵略，是一贯借通商为名，以商品侵略为前驱的。所以东印度公司于1774年和1783年两次派人入藏，是想诱使班禅秘密签订一个通商协定，

（接上页）
是护法神班丹拉姆的转世。后来，贝尔(Charles Bell)在他的著作中，对此亦加宣扬，并厚颜无耻地说，有人指他(贝尔)本人亦是一个大喇嘛的转世。

关于河口慧海的言论，见 Kawaguchi, E. *Three Years in Tibet*, Madras, 1909, 第497—499，512—513页。

允许英人常驻西藏来破坏我国的统一，制造西藏地方内部的不和，并挑拨同尼泊尔的关系。同时，英国还希望通过班禅对清帝室的个人影响，以达到打入我国内地市场的野心。

有的西方作者，特别是几个英国作者，总喜欢说清政府对黄教的政策一贯是离间达赖、班禅两大支柱的关系，以便分而治之。从历史上看，一个公正的观察家应当不难看出，在宗教上清朝统治者一贯维持这黄教两大支柱的平衡关系，这是因为他们本来如此，并不是清朝统治者制造出来的，而且这亦是符合清朝的统治利益的。但在政治上，清朝统治者无疑以达赖为重，给以大力支持和帮助，直到清朝末叶，才有所不同，也是出于不得已的。反之，拿英国对这两大活佛的策略来看，倒总是利用一个来打击另一个，以实现其侵略意图。英国起初拉拢第六世班禅，就是有意抬高他的地位，不仅架空了中国皇帝，而且是直接针对达赖系统的。再如 1904 年英国侵入拉萨，第十三世达赖喇嘛出走的次年，英国又乘战胜的军威，挟持第九辈班禅额尔德尼去印度，名为会见当时访问印度的英国皇太子，实际是要诱使班禅把他影响较大的后藏地方特殊化，置于英国势力控制下，而后再进一步扩大到前藏，这更是主要针对达赖喇嘛的。可以说，我们如果以辛亥革命作为一条时间的分界线，在这以前，英国侵略西藏的策略一贯是企图拉拢班禅，以打击达赖；在这以后，才一变而为尽力拉拢达赖以打击班禅，直到 1923 年迫使第九辈班禅不得不离开扎什伦布寺，出走内地。

英国拉拢班禅也好，拉拢达赖也好，只是利用他们的政治影响和地位而已，与沙俄之利用，并从西藏的宗教关系入手，有所区别。同时英国对西藏宗教的政策，又不同于法国一味鼓励天主教势力进行渗透和打击，而是采取颇为审慎的态度。英属印度与我国西藏地方有一条沿喜马拉雅山的漫长的边界，在很多地方直接为邻，西方教会势力是很容易从这里找到缺口的。然而英国认识到直接触犯西藏宗教势力将不利于他们的计划，他们并不纵容沿喜马拉雅山的西方基督教会进入我国西藏传教的活动。他们看到要在西藏传播基督教是困难的，就在喜马拉雅山南他们直接控制下的大吉岭、噶伦堡等藏族聚居的地方，西方教会虽在那里经营多年，而信奉基督教的藏人还是寥寥无几。1894 年，清政府被迫在西藏亚东开辟商埠时，就有一个英国女教士到那里作了尝试，然而不到几年，即悄然离去，以后再也没有别的西方教士进入。一个有经验的英国边境官员建议，不要让印度方面的西方教会再进西藏，如果一定要去，不妨让他们根据条约特权向中国政府请求从内地进入西藏。这样倒可以加剧我国中央和地方的矛盾。前面讲过西藏地方在对外关系上对清政府滋长了一种对立情绪，就是由这些外国势力有意制造并不断加深的。

到鸦片战争时，情况就起了根本的变化。从此开始，以英国为首的资本主义列强既已踏破了我国沿海的门户，侵略者的铁蹄得以任意践踏我们祖国的疆土；同时，英国势力也从印度平原深入尼泊尔，并控制了锡金、不丹、拉达克等地，把我国西藏地方过去恃为屏障的山岳地带，一变而为敌人可用来发动侵略的桥头堡。于是英国利用印度为基地，越过喜马拉雅山来侵略我国西藏地方，就具备了极为有利的形势。长时期来，英国利用西藏一部分喇嘛教上层人物，企图挑拨我国内部关系，策动西藏分裂，以破坏我国的统一，是贯穿在帝国主义者侵略我国西藏的全部历史中的一个内容。

英国势力在侵入喜马拉雅山之后，就着手利用这些地区同我国西藏的传统的宗教联系，来搞渗透活动。大约从 1858 年始，英印政府便有计划地训练了一批山区的居民，教他们掌握了专门的地理知识和测量绘图的技术之后，分派他们化装成香客、游方僧人混入我国西藏地方，进行广泛系统的勘测调查和搜集情报的间谍活动。有的还仿效历史上从喜马拉雅山外到我国西藏来宣扬佛教的僧人的故事，冒称班智达，向西藏寺庙的上层势力进行拉拢。正是采用这种欺人的手法，他们通过一名与锡金王室有关的僧人乌金嘉措同扎什伦布寺的联系，把一名印度间谍达斯（S. C. Das）伪装成探求佛法的班智达，在 1879 年和 1881 至 1882 年两次引入后藏，结识了扎什伦布寺的上层喇嘛。达斯进入后，他又勾结了一部分贵族，潜往拉萨、桑耶等处，搜集重要情报，并盗走一批古籍手稿。这事件不久在卫藏地区引起了一场严重的风潮，许多被牵扯到的僧俗上层人士，受到严厉处分，扎什伦布寺的总管森钦喇嘛，就因为他庇护了这个特务，被沉死在江心。① 这是在英国侵略者长期的挑拨离间下，

① 关于这个被沉死的森钦喇嘛的事迹，过去前后藏宗教界人士都讳莫如深，但在外人著作中，却时有提及。河口慧海《旅藏三年记》的第三章，即专记其事。此外如 Perceval Landon, *Lhasa*, London, 1905, Vol. 1，第 235—237 页，亦记其事。当时达斯回印度后所写的报告，被英印政府视为绝密文件，禁止公开，后来有一部分经过了重要删节，始陆续发表。

引起扎什伦布寺和拉萨三大寺这格鲁派两大系统间发生的第一次公开的破裂。

在这期间，英国侵略者一贯的策略是拉拢班禅，以抵消达赖的影响，其目的是想首先把扎什伦布寺管辖的后藏的一部分地区，置于英国势力控制之下，而后进一步夺取其余的西藏地方。例如1888年和1904年英帝国主义两次武装侵略我国西藏的时候，他们总是先从锡金北境侵入后藏，威迫利诱，要扎什伦布寺与之单独谈判，以达到煽动分裂的目的。到1904年他们侵入拉萨，第十三世达赖逃亡内地之后，他们又用武力挟持第九世班禅去印度会晤英皇太子，给以同锡金大君和不丹的东萨瑧洛（即后来的不丹大君）同一等级的接待礼节，这时他们策划分裂后藏地区的野心更暴露无遗了。① 只是在我国发生了一系列重大变化之后，敌人才转移目标，改为拉拢和利用达赖系统的权势，企图实现他们一举侵吞我国整个西藏地方的迷梦了。

1906年终，达赖等因为看到国内辛亥革命的浪潮暴涨，清朝政府已显得风雨飘摇，同时，与英国有矛盾的沙皇俄国又新败于亲英的日本帝国主义，英帝国主义者的侵略气焰更趋嚣张，达赖一行徬徨于青海塔尔寺一带，准备返回西藏的意图，竟在英帝国主义的横暴干涉下，被清政府下令阻止。于是第十三世达赖等的态度急转直下，向敌人软化，并在英帝国主义派到我国来的庄思敦、鄂康纳、锡金王子等人的诱迫下，同拉萨一小撮已被英

---

① 吴丰培：《班禅赴印纪略》及《清季筹藏奏牍》第三册，张荫棠奏牍，卷一，第11—15页。

国拉拢的贵族势力日益合流。① 1910 年，达赖等人回拉萨不久，又同驻藏大臣联豫发生争执，终于被这部分贵族和英帝国主义者诱往印度。于是英帝国主义的策略一变而为利用达赖，抑制班禅，其侵略步骤是要首先把我国的西藏地方置于它实际控制之下，而后进一步侵吞青藏高原了。

继辛亥革命之后，英帝国主义培植西藏一小撮上层反动势力，策划分裂西藏的阴谋，是同敌人利用宗教上层，打入寺庙，对西藏广大的僧俗人士进行欺骗和迫害紧密联系在一起的。1923 年，第九世班禅不得不出走内地，正是帝国主义者一手制造的格鲁派两大势力走向全面破裂的必然结果。

这样，英帝国主义同我国西藏一小部分上层僧侣勾结在一起，一方面，侵略者得以利用几个宗教人物的影响来掩护其侵略伎俩，另一方面，这少数寺庙领主也乐于借帝国主义势力为后盾，来维持自己的统治。英帝国主义在采用各种手腕侵略我国西藏的时候，唯独没有纵容沿喜马拉雅山的西方基督教会势力入侵，甚至讥评法帝国主义在西康利用天主教士进行侵略的愚蠢，就是这个缘故。② 当然英帝国主义笼络西藏少数上层僧侣，是为

① 庄思敦（R. F. Johnston）为当时英政府殖民司官员。鄂康诺（F. O'Connor）是英军军官，通藏语，1904 年英军侵略西藏时的重要头目，1905 年用武力劫持班禅九世去印度的执行人。锡金王子扎喜朗杰，即于 1914 年承位的锡金大君。他们是在 1908 年被派来我国包围达赖十三世及其亲随的。

② 本文追述了西藏一部分喇嘛教上层势力与外国侵略者的勾结，然而大多数的喇嘛教僧侣同广大的藏族人民一样，是坚决反对帝国主义侵略的，特别是在反抗各种外国教会势力的斗争中，起了一定的作用。

了暂时利用这些披着宗教外衣的封建领主的社会影响，好实现其下一步阴谋。这个阴谋就是培植西藏贵族中的少数亲英分子，策动他们从窃取军权，到篡夺地方政权，最后把西藏置于英国的实际统治之下。1907 年，英帝国主义在不丹一手导演的政变，就是一个例子。[①]由于西藏的个别上层僧侣堕入敌手，使帝国主义者得以假用宗教名义来迷惑人心，损害我国主权，破坏我国统一的严重情况，直到我国人民民主革命取得胜利，包括西藏在内的祖国大陆获得解放之日，才得到根本的扭转。

国内方面，在中国共产党领导下，我国人民民主革命取得了伟大胜利，使我国社会制度发生根本性变化的同时，也为藏传佛教的地位带来了根本性的变化。随之到来的社会主义革命高潮，更从物质到精神生活的各个方面冲击着宗教的社会根源。作为一种宗教信仰，藏传佛教也像其他宗教一样，受到党的宗教信仰自由政策的

（接上页）

据下列 20 世纪 20 年代末至 30 年代初的情况，无论在我国西北、西南接邻青藏高原的地区，或是在沿喜马拉雅山的边境地带，都可以看出西方基督教会虽在藏族居住区的周围，建立了不少据点，形成一个大包围的形势，然而他们始终未能深入这片藏传佛教的“禁地”，这和僧侣势力的反抗是不无关系的。

有关当时西方教会在青藏高原四周的分布情况，见此文后的附录。

① 原来统治不丹的法王，系采用转世制承袭，一直维持到 1907 年被迫辞退，同年 12 月 17 日改由终萨王奉洛（Krong gSar dPon sLob, 俗译东萨璋洛）乌坚汪曲（Ao rGyan dBang Phyug）任不丹大君，并从此改为世袭。

乌坚汪曲于 1904 年英帝国主义侵略我国西藏时，曾亲率部属为英军效力，故英帝国主义对他颇加宠信，叠授勋衔，并为策划政变，取得政权。终萨（地名）王奉洛（官职名）原来是不丹东部的基巧，即高于宗本一级的地方官。

保护，这在我国的宪法上已作了庄严的保证。然而藏传佛教作为一个维护农奴制的统治工具，上层喇嘛作为拥有宗教特权的封建农奴主的地位，将随同这个制度和农奴主阶级的消灭，而不复存在。在经过重大变革后的蒙古族社会，藏传佛教已改变了它原来的地位。广大的藏族人民正在同样经历一次翻天覆地的变革，西藏地方走上同一条道路，也只是一个时间的问题。于是西藏的一小撮反动到底的僧俗大农奴主们，竟把希望寄托给帝国主义和外国反动派，妄想继续利用宗教之名，来进行其反人民、反祖国、反社会主义之实。这些寺庙大农奴主的真实面目就愈来愈清楚地暴露在全国人民的眼前。

在国外方面，印度的大资产阶级在1947年从英帝国主义接收印度政权的同时，亦全部承袭了英帝国主义对我国西藏地方的侵略政策。前面提过，除了英帝国主义控制下的锡金、不丹、拉达克等喜马拉雅山区的居民，信奉藏传佛教之外，印度本境的佛教信徒，本来已寥寥无几。然而到这时候，这久被视为历史陈迹的佛教，又突然受到印度大资产阶级的重视。他们俨然以世界佛教监护人的身份自居，并尤其热衷于笼络我国西藏地方的一部分藏传佛教上层。从1947年召开所谓泛亚洲会议，到1956年举行释迦牟尼涅槃两千五百年周年纪念，他们不断利用宗教联系作幌子，来蛊惑我国西藏的少数藏传佛教上层人物，策动所谓“西藏独立”，以实现其扩张主义的野心，已经不是什么秘密了。

早在清季末叶，帝国主义列强在我国纷纷划分势力范围的时候，美、日两帝国主义者对利用藏传佛教势力来推行其侵略计划，亦曾抱有极大的野心。日本在我国辛亥革命前后，曾几次派人潜入拉萨，有的进入寺庙，有的为西藏地方训练过军队；然而当时日本的主要侵略目标，还是我国的蒙古和东北。美帝国主义的教会势力，亦早于1903年侵入巴塘，但它的阴谋活动还暂时局限在康东一隅。等到美帝国主义成了世界帝国主义的霸主，意图实现其独霸中国的迷梦的时候，它就想方设法地要把势力伸入我国西藏地方，来开辟又一个侵略阵地。从30年代开始，我国方倾全力于抗日战争的期间，美帝国主义分子就一再从印度偷入拉萨，虽然人数不多，但如1935年及1937年两度进入的克汀（Charles Suydam Gutting）和1939年进入的勃尔纳特（Theos Bernard），都受到拉萨僧俗上层权势人物的殷勤接待。①

① 关于克汀与勃尔纳特这两个美帝国主义分子，有下面的事迹值得一提：

克汀是第一个到达拉萨的美国人。他最早于1928年同罗斯福兄弟（Kermit Roosevelt 与 Theodore Roosevelt Jr.）等人自缅甸北境进入我国云南，又以猎取熊猫为名，到达西康。据克汀自称，他当时就得到西藏地方政府同意他去拉萨游历，但未成行。

1930年，他同英国军官二人从印度潜入我国西藏的江孜和岗巴宗一带。从此，他和十三世达赖时有私人书信往还，交换礼物，并且起了代向华盛顿官方联络的作用，送过达赖一张美国总统胡佛的签名相片。1932年，他就应达赖私人的请托，为西藏地方政府驻印度噶伦堡的官商邦达昌同美国商行撮合，把西藏上层把持的主要出口物羊毛，直接售予美商，以避免印度商人从中盘剥，从而博得西藏地方上层的欢心。

1935年，即十三世达赖死后两年，克汀又自印度混入我国西藏，他与英人伐尔奈（Arthur Vernay）一起在当时西藏地方政府的同意下，先后到了日喀则和拉萨。他对拉萨的僧俗上层，大肆联络，并据他自称，得到两年后携带他的妻子再去拉萨的邀请。

于是到1937年，克汀夫妇又从印度到了拉萨，见到当时代管西藏地方政务的热振活佛及以下的西藏僧俗上层官员，极受优待。

第二次世界大战时，美帝国主义势力又乘英帝国主义之危大量侵入印度，于是它更野心勃勃，想承袭英帝国主义的衣钵，把侵略势力伸入我国西藏地方。1942 年，他们派遣托尔斯泰中校（Lt. Col. Ilya Tolstoy）和都兰上尉（Capt. Brooke Dolan）从印度进入西藏，直抵内地，勘测路线，并带有美国总统罗斯福的私函和赠送达赖同当权派达札的相片礼物。[①]到我国解放战争已势若燎原，国民党政权土崩瓦解，美帝国主义被逐出我国大陆已成定局的时候，它更加紧勾结印度大资产阶级和英帝国主义，共同策划，妄想在我国西藏地方打开一个缺口，来与盘踞台湾的蒋政权遥相呼应，作为向我国大陆发动钳形攻势的前沿阵地。1949 年，在国民党反动政府的官

（接上页）

有人指出，西方人能够到达拉萨的，为数不多，但他们有的是用枪炮刺刀杀进去的，有的是乔装改扮、偷偷摸摸地混进去的，而唯有这个美国人，才是受到“邀请”去拉萨的第一人。这一事件显示出在我国抗日战争期间，我国西藏一部分僧俗上层开始转向金元帝国的政治风向。

在克汀之后，自称佛教徒的勃尔纳特亦从印度潜入拉萨。他原在哥伦比亚大学进修哲学博士学位，自诩他来西藏为的是求经，并要使佛教广弘美国。他不但得到拉萨当局同样的另眼看待，见到热振以下的高级僧俗官吏，并且受到寺庙上层的殊宠，据说他还当了甘丹赤巴的门徒。在他写的书内，他就自称为“白喇嘛”，并说西藏有人指出他亦是一个大喇嘛的转世。藏传佛教的作用，包括所谓转世，没有被这个美帝国主义分子所忽视，于此可见。

以上资料，散见：Cutting, C. S. *The Fire Ox and Other Years*, London, 1947, 第三、第六两部分，及 Bernard, T. *Land of a Thousand Buddhas*(Fourth Impression), London, 1957.

① 托尔斯泰中校有文记此行的简单经过，见 Tolstoy, I. “Across Tibet from India to China”, *The National Geographic Magazine*, August, 1946. 关于罗斯福给达赖的那封私信，他说：“据我们了解，这是历史上一个美国总统同西藏达赖喇嘛第一次直接的通信。”（见第 209 页）

员被逐出西藏的同时，美国的特务劳威尔·汤姆斯（Lowell Thomas）父子①却被公然引入拉萨，达札之流向他们曲意奉承，委以秘密使命，就是这些国外敌人同我国西藏这一小撮僧俗大农奴主勾结一起，狼狈为奸，准备在我国境内煽起叛乱的一个信号。到1959年，这一小撮大农奴主终于在这些国外敌人的阴谋策动下发动了叛乱。但是他们立时受到了应得的惩罚。西藏的百万农奴从此站起来了。他们不但摧毁了万恶的农奴制，并且宣告了一个长期折磨他们的精神世界的破产。

1964年

附录

下面的资料虽极不全面，但可以帮助我们对当时西方教会在青藏高原四周的分布情况得到一个概念。

（甲）西北、西南各省（地名采用现称）

地　区	设有教堂的西方基督教会组织
新疆（喀什、莎车等处）	Swedish Missionary Society

① Thomas, L. Jr. *Out of This World*, New York, 1950, 即小汤姆斯记录此行经过的旅行记，虽然内容贫乏，但亦提供了不少线索。书内第207至209页，叙述达赖、达札等人特为这两个美国特务扮演坐殿，让他们摄制电影的情景，尤其跃然纸上。

小汤姆斯回美国后，曾于1950年5月10日秘密来函通知噶厦，他已见过杜鲁门总统，并转交了噶厦的信件；他同杜鲁门与若干国务院首脑已讨论了提供军事援助的问题；美国国务卿艾奇逊并已告诉他父亲准备不久派遣一名国务院顾问桑堡先生假借旅行家的身份，到拉萨来进行详细的磋商……这已完全暴露了汤姆斯父子的特务身份和美帝国主义侵略我国西藏地方的野心。此信原件由有关机关保存，汉译文见《西藏地方历史资料选辑》，三联书店，1963年，第377—378页。

青海（西宁、湟源、同仁、保安等处）	China Inland Mission Tibetan Tribes Mission Swedish Assemblies of God
甘肃（张掖、酒泉、夏河、合作、卓尼、岷县等处）	Chinese Church Christian and Missionary Alliance General Council of the Assemblies of God Tibetan Tribes Mission
四川（康定、巴塘、道孚、西昌等处）	China Inland Mission United Christian Missionary Society La Societé des Missions Etrangères de Paris
云南（丽江、维西及现属昌都专区的盐井等处）	General Council of the Assemblies of God Tibetan Border Mission La Societé des Missions Etrangères de Paris

（乙）沿喜马拉雅山边境

地　区	设有教堂的基督教会组织
锡金（包括不丹边境）	Church of Scotland Free Church of Finland
姑马乌至西姆拉一带	Board of Foreign Missions of the Methodist Episcopal Church Salvation Army Christian Missions in Many Lands Church Missionary Society of Africa and the East
拉达克一带	Moravian Missions

Central Asian Mission
Church of Scotland
Church of England

上引资料，主要根据 Mcleish, A. etc. *The Challenge of Central Asia*, London, 1929.

英帝国主义为了避免触犯我国上层喇嘛的阶级利益和喇嘛教徒的宗教情绪，在沿喜马拉雅山一带，以不鼓励西方教会侵入我国西藏，为其一贯的政策。(1894 年西藏亚东初开商埠时，曾有英国教士一度进入，但不久退出，这可说是唯一的例外。)英国对尼泊尔、不丹的传教问题，亦持同样的“谨慎”态度。英人贝尔在其 1924 年出版的《西藏的过去与现在》一书的第二十七章中提到，要到我国西藏传布基督教是一个困难问题，他说，就在英国势力控制下的大吉岭一带，信基督教的藏人亦就不多。所以他委婉地主张，西洋教会可以根据对我国不平等条约的特权，从我国内地进入藏族地区传教，这样可以挑起我国的内部矛盾，制造英帝国主义侵略的便利。

乔治·波格尔入藏的使命内容及其执行结果

1774年(乾隆三十九年)英国东印度公司督办华伦·海斯汀司（Warren Hastings）派出公司职员乔治·波格尔（George Bogle）率医生亚历山大·汉密尔顿（Alexander Hamilton）等访问西藏扎什伦布寺。波格尔这次进入我国比1792—1794年英皇乔治三世派来北京的第一批英国使节早18年，因此有的外国作者便把波格尔称作进入西藏的第一个“英国使节”，说这件事是英国与西藏直接交往的开端，给予极高的评价。

关于波格尔这次入藏经过，我们在另一篇关于第六辈班禅额尔德尼·贝丹意西的生平的论文中作了介绍。本文只想根据波格尔的笔记、家信及有关档案，对他入藏一行的使命内容及完成情况，提出一些看法。

乔治·波格尔，苏格兰人，生于1746年一个有9个孩子的家庭，他排行最小。他仅在爱丁堡大学学习了几个月，就转入别的学校，又去法国作了一次短期的旅行，没有再受更多的高等教育。迫于家计窘困，他决意经商，23岁时受雇于英国东印度公司。1770年初泛海抵印度加尔各答，从此就没有回到故乡。他最初任公司的普通录事，曾努力学习波斯文，学到能写会说的程度，其他方面则平庸无奇。①

波格尔初到加尔各答，正遇上孟加拉地方大荒灾。他在一封家信中说，前一年当地歉收严重，一批批的人死于饥饿，或以树皮充饥，或违反宗教教规吃牲畜乃至死畜的尸体，其惨况令人不忍目睹。据说在英国人管辖的地区之内，饥民就有150万人之多。

在他到加尔各答一年半后，即1772年2月。华伦·海斯汀司才从马德拉斯调来任孟加拉的督办，当了他的主管。他最初对这位新来的上司的印象并不甚佳。他说海斯汀司为人还比较容易接近，就是性格不怎么可爱。但办事勤敏，了解民情，还进行了一些改革。② 因为他在机要委员会里办事，接近海斯汀司的机会较多，又时常随从外出视察，渐渐受到赏识，成为亲信。他对这位上司也发生了知遇之感，最后则忠心拥戴，用他自己的话说，对海斯汀司接近于崇拜程度。③

18世纪后半世，印度莫卧儿王朝四分五裂，英国东印度公司盘踞孟加拉，迅速扩张。华伦·海斯汀司就是继承克莱武（Robert Clive），为英国殖民主义在印度开拓疆土的第二名“功臣”。在他积极经营下，东印度公司不仅怀有鲸吞全部印度的野心，还投射其贪婪的目光远及于中国。这个公司的船只参加运销鸦片到中国来牟取暴利的罪恶的历史就从这个时候开始。但是当时中国在清

---

① M = Clements R. Markham, *Narratives of the Mission of George Bogle to Tibet and of the Journey of Thomas Manning to Lhasa*, 1876. Reprinted in India, 1971. 导论第136—137页。

② M. 导论第141页。

③ M. 导论第142、148、151页。

乾隆皇帝治下，厉行海禁，一个以做买卖谋利为名的夷商公司，只允许同广州地方官员打交道，想同北京的天朝朝廷通个信息根本是不可能的。因此，东印度公司在向孟加拉的北部扩张的同时已有意试觅一条经中国内陆通往北京的道路。恰好孟加拉北境的一个小邦库赤·比哈尔（Kuoh Bahar）同不丹发生冲突，东印度公司乘机干预，于1775年出兵攻占了不丹的土地。当时第六辈班禅额尔德尼应不丹及尼泊尔王之请，以僧人身份出面致信东印度公司进行调停。海斯汀司立刻抓住这个机会，一面同不丹停战议和，一面派人以到不丹商谈和约的名义，携带信札礼品，坚请面见班禅喇嘛，以申和好。波格尔即接受了东印度公司委任入藏的使命。

这次波格尔入藏的使命有什么内容呢？

海斯汀司1774年5月13日签发给波格尔的委任书说：

“兹委任你代表我往晤不丹元首扎什喇嘛①并命你前往其首邑拉萨，面交要你负责带去的信件和礼物。”

“你这次使藏的目的是开辟不丹与孟加拉双方居民之间相互和平等的贸易关系，你可以酌量情况自行采取最可能完成这一任务的交涉方法。”

① 海斯汀司在这里以及其他几处所称的“不丹”，指西藏言。编者Markham注，此即bod的音译，藏人的自称同书12页，海斯汀司称拉达克为小西藏，称西藏为“不丹或大西藏”，可资证明。这说明那时欧洲人对西藏与不丹还分得不清楚。但波格尔使用“不丹”一词，是指现代的不丹国家这个地方。他在总结报告中明确主张用不丹这名称，以示与西藏有别。后来西方习用这个名称可能从他开端。扎什即扎什伦布，扎什喇嘛即班禅喇嘛。

委任书责成他调查商业情况，拉萨与孟加拉及其他邻境的交通道路，这些地方的政府、税制、民风，等等。

又说：

“你在那里应住多久，取决于你。我希望你住够，以便有充分时间来完成这次使命的要求，并对当地及我要你调查的各点获得全面的了解。如果你认为在拉萨可以设立一所分号靠今后自身的盈利维持而无需公司另作开支，你应当尽快告诉我。如果你在接到指示前，有必要离开那里时，你可以留下你认为适当的几个人作为代理，俟将来另委正式的留驻人员。不过你应当先向喇嘛申请准许并请他颁给将来派去的任职人员所需用的护照。”①这里俨然是一个独立国家的首脑向另一个独立国家首脑派遣外交使节进行访问时的口吻。

再看海斯汀司 1774 年 5 月 4 日上东印度公司监理会（Board）的意见书，就更明确了。他说他已经写好一封给第六辈班禅喇嘛的复信，其中他建议双方签订一个“通商友好条约”(a general treaty of amity and commerce)。这是公司当局早已有的一桩心愿。②

这次波格尔入藏的目的虽说是要建立西藏与孟加拉双方居民之间的相互与平等的贸易往来关系，可是，历史上西藏同喜马拉雅以南的地方早有往来。佛教在西藏的立足就是藏僧南去印度、印僧北来西藏的结果。由于前藏、后藏经济较阿里繁荣，所以双方往来几百年间多取东面纵穿尼泊尔的一条路线。到 11 世纪，伊斯兰教势

---

① M. 第 6—7 页。

② M. 第 3—4 页。

力席卷印度，印度本地佛教衰亡。双方僧人往来人次锐减，但商业交往并未中断。只是在18世纪60年代末，尼泊尔西南的廓尔喀部崛起，廓尔喀王纳拉扬（Prithvi Narayan Shah）统一尼泊尔后，他的军队南下平原，东侵哲孟雄，封锁全国，限制过道商旅，阻断南北通道，这才使东印度公司面临一个重开商路的问题。东印度公司指责廓尔喀王为祸首，意拉拢西藏共同与廓尔喀为敌，表示希望与班禅喇嘛签订一个通商友好条约，用意在争取班禅喇嘛，离间扎什伦布寺同前藏的关系，进一步使西藏从清朝分离出去。关于东印度公司的叵测居心，据波格尔同第六辈班禅额尔德尼的几次谈话片断可以看出。

根据波格尔的笔记，他在1774年12月23日、28日及次年1月19日，同班禅喇嘛三次谈话中都涉及了廓尔喀。他告诉班禅喇嘛，廓尔喀王自立名号为"山中之王"（Prithvi Narayan Shah），意在征服，非同等闲。以往尼泊尔分为几个小邦时，西藏与孟加拉间商贾往来从无阻碍。廓尔喀王征服尼泊尔后，旧日的规矩全被破坏。西藏也想重续旧日联系，但除非拉萨把尼泊尔恢复到过去的那种局面，或者勒令廓尔喀优待过路商人，否则，无从保持旧日的规矩。波格尔说，如果认为廓尔喀王以一个小王发展到征服全尼泊尔，也许已经心满意足，那是太低估了他。他已经征服了不少地方，还策划着新的征服。他已拿下沿山脚的低地，并向属于拉萨的哲孟雄进攻，一朝得志，他就会进而占有不丹，也许还要窥伺帕里。①说得更清楚的是12月28日一次谈话，波格尔说要使廓尔

① M. 第148—150页。

喀王停止进攻哲孟雄回到他自己国土里去安分守己，最好的办法莫如让他知道西藏与孟加拉之间存在某种“关系”。廓尔喀王就怕英国人，他相信东印度公司督办一定乐于出面制止廓尔喀王侵犯属于拉萨的地方，只要东印度公司一出面，这一点就一定能够办到。[①] 这里所说的“关系”，就是海斯汀司前面提的“条约”。

所以，波格尔这次使命的意义重大，公司允许他活动的范围可以有极大伸缩余地。如果海斯汀司的设想例如签订所谓“条约”，使英国同西藏建立直接关系，英国可以在拉萨派驻机构人员，西藏准许英国人自由出入，果真一一实现，不正是百余年后，中国陷入列强侵略下，英国对西藏一再企图实现的战略目标吗？无怪有人一提到海斯汀司，就情不自禁地赞叹他的惊人的预见力和深谋远虑了。

也许有人认为当时东印度公司，经营印度初具规模，但同喜马拉雅山地带接触不多，对喜马拉雅山以北的情况，更加隔膜，由于情况不明，他们多少是无意中闯进了西藏来的。

只要读一读同委任令一起发给波格尔的西藏情况备忘录（虽然篇幅不长，错误不少），就可以清楚地看到海斯汀司对13世纪以来的西藏政治历史，并不是一无所知的。如备忘录第五节说，13世纪时，先是蒙哥汗（元宪宗）所属的蒙古军，进占西藏，而后当了中国皇帝的忽必烈汗（世祖）又郡县其他，封喇嘛为法王。继元朝之后的明朝皇帝又分封了王和法王多人，“与此同时，或较

---

① M. 第150—151页。

晚的时候拉萨的喇嘛开始用达赖喇嘛这一尊号。至少，中国的皇帝康熙在1705年间敕封过一辈达赖喇嘛。据说他是拥有这一名号的第六辈传人”①。此外，还提到达赖转世制度号称活佛的众呼图克图及掌办地方事务的第巴喇嘛等等②。这一切都证明海斯汀司把班禅喇嘛认为一国之君，绝不是无知所致，正因为如此，他在1774年5月4日上公司监理会的意见书中就指出他对“成功的希望一点不敢乐观，不过这个时机太好，不容放弃而已”。他对波格尔的命令也是准予便宜行事，既不限制时间，也不规定经费，并准备保留波格尔原职，选人暂代，预留了地步。③

凡读过波格尔入藏笔记的人，都会同意他是一个精干稳练、认真负责而又富于风趣的青年。他同汉密尔顿一行1774年10月23日从不丹到达帕里，后经江孜、白朗，到雅鲁藏布江北的南木林，会见在那里暂避天花的第六辈班禅额尔德尼。一个月后，他又随班禅喇嘛及其随从回到扎什伦布等。此后，除在1775年3月曾去班禅一亲属的私人庄园住过几天之外，一直住在扎什伦布寺。1775年4月7日离开，循原路从帕里出境。总计波格尔等在后藏住了半年，其中5个月左右住在扎什伦布寺。在这期间，班禅喇嘛始终把波格尔和汉密尔顿当作他私人的贵客，给予极其优厚的接待。班禅喇嘛对波格尔以

① M. 第10页，指康熙敕封理塘格桑嘉措为第六辈达赖喇嘛一事，当时封为第六辈，乾隆时始改称第七辈。

② M. 第10—11页。

③ M. 第4—5页。

诚相见，使这个年轻人深深感动，在他的笔记和家书中一再流露出来。

根据波格尔的笔记，他为了完成海斯汀司交给他的任务，凡一切应做的都已做到，一切可试的也都试到，但是他所面临的却是一重无法逾越的障碍。

首先，班禅喇嘛始终叫对方明确无误地认识他的政治地位不是什么国家元首。班禅喇嘛指出，西藏是在中国皇帝统治下的一个地方。达赖喇嘛要几年之后才有权管理西藏事务，现在代达赖喇嘛管理事务的并不是班禅喇嘛，而是拉萨的执政佛即第穆呼图克图。至于他本人仅仅不过是一个视致力于和平事业为本职的喇嘛而已。他谦虚地自承，他和达赖喇嘛所以受到皇上的恩典多亏章嘉呼图克图在朝廷上帮了忙。其次，对于商务上的往来，班禅喇嘛表示他是乐于赞助的，为此，他写信给拉萨的执政佛进行解释，让拉萨来的两名官员去和波格尔见面，又让拉萨和日喀则的商人同波格尔面谈，他也写信给尼泊尔新王进行劝说。① 他还准备通过北京的章嘉呼图克图，向朝廷试探能否让英国人去一趟北京。这些是他能做到的一切。② 由于拉萨的执政佛曾反对波格尔等人入境，拉萨怀疑东印度公司对西藏抱有野心，把波格尔视为一个刺探情况的奸细，经过班禅喇嘛本人的斡旋，执政佛允许波格尔等进藏，但又寄信来不准前往拉萨

① M. 第197—198页。

② 班禅喇嘛告诉波格尔，西藏过去也接待过拜十字架的欧洲传教士，由于这些传教士爱制造纠纷，才把他们赶走了（第138页），从此西藏对欧洲人颇怀戒心。

（所以波格尔不仅没有能去拉萨，就连近在咫尺的日喀则也没有去成）。最后，班禅喇嘛叮嘱波格尔，以后不要再派英国人进西藏来免得给他带来麻烦。

以上都是以波格尔的笔记为根据的。如此看来，海斯汀司的几点重要要求（令波格尔前往拉萨；要求公司在拉萨设一分号；签订一个通商友好条约；听凭英人自由出入等等）一点也没有办到。而波格尔无论同班禅喇嘛、拉萨官员或前、后藏商人的谈话中，每次伸出试探的触须，都碰到了障碍。这就是西藏的一切都要听命于北京的朝廷。正像他自己承认的，"这是我条条道路上遇到的一块拦路石"①。最足以说明问题的是波格尔回孟加拉后，写给东印度公司的总结报告。② 这是第一个进入西藏的英国人根据他半年的亲身经历和观察写出的第一个调查报告。如果在这以前，英人对西藏情况的了解还多少属于"传闻"，那么这次是目睹了。原文除了有关不丹情况可以不谈外，关于西藏的政教组织作了详细的描述，前面谈过，海斯汀司发给波格尔参考的西藏资料已提到康熙敕封一辈达赖喇嘛的事，但他还叫波格尔查明究竟"达赖喇嘛是否仍然是中国的藩属（vassal）"③。对此，波格尔在叙述了西藏康济鼐、颇罗鼐执政历史以后，说：

西藏从前是独立的，由一代代的藏王相继统治。大约在六十年前，大臣们阴谋结党杀害了藏王，把政权攫

① M. 第148页。
② M. 第191—210页。
③ M. 第12页。

为己有。一名藏王的侍臣密旺古须（Mewan Cusho），乃逃往拉达克一带，在几年之间，结纳邻近酋豪，又亲率大军回来，战胜大臣们。他托庇于中国皇帝的统治，取得了王位。在他英明而繁荣的治理达三十年后，即由他的儿子王古须（Wang Cusho）继承了王位。

但远在这事之前，在西藏，喇嘛们已确立了他们的地位和宗教。因为历代藏王对他们的布施或崇信，又因为他们对不时入侵的鞑靼人具有的影响，他们受封有土地和村庄，并在封地上建立了寺庙。他们被认为一个个至高无上的教主，被当作佛的替身受到崇拜。远近鞑靼都有人来朝拜，向他们作出价值可观的捐献。然而原来他们对世俗事务并不享有这样大的权力，这是由于王古须的轻举妄动造成的。

因为王古须暴政虐民，戕害胞兄，尤其是他有脱离中国而独立的意图，达赖喇嘛乃以最严重的措辞向北京朝廷告发。朝廷当即谕令驻拉萨的官员知道，后经设计诱骗，把自以为将受到皇上加封晋爵的王古须处死。他的部下曾发动暴乱，杀了很多汉人，但很快即告平息。他们又想推出王古须的儿子出来掌权，但由于他母亲胆怯潜逃而败事，于是按照中国严峻的法令，全家灭族。

这次事变的结果是喇嘛们取得了新的权力，提高了政治地位。也许皇上考虑到达赖喇嘛秉性和平，也许是为了酬报他的忠诚不二，便把行政权交给了他。他治事宽简，深得民心，直到终年。大约在十八年前去世。于是居第二个崇高地位的扎什喇嘛就被视为这地方的首要人物了，他的人品和才能深受皇帝的赏识，他的话在北京朝廷上很有力量。大约达赖喇嘛死后两年，他找到一名幼童，按照他们的信仰这孩子是由那死去喇嘛的灵魂投生，后来就在布达拉坐床。也是由于他对皇帝的影响使前辈喇嘛的一名侍臣“杰策仁波且”（即 rGyal tshab rin po che，执政佛）得以在喇嘛幼年时掌办政务。

现在有中国钦差两人，卫队一千名，驻在拉萨，每三年更换一次。中国皇帝被公认是国家的元首。政府中的重要官职都由皇帝任命，一切重大事宜也必须先向北京朝廷请示。但地方上的内部事务则全行自理。汉人一般都住在首府。不要西藏缴纳赋税。①

这里我们只译出原文，对于叙述中的事实错误和评论谬误，不再订正，这位东印度公司职员的调查报告很清楚地勾画出颇罗鼐、珠尔默特纳木札勒两代执政的历史，点明了西藏从属于清中央的政治地位，它应当使海斯汀司等人充分认识到西藏是中国的一个组成部分，不再有误会的余地了。

报告的另一个要点是通商问题，波格尔对此有他自己的看法。

波格尔说，西藏孟加拉之间的贸易，原来有相当可观的规模。孟加拉向西藏出口后从西藏换来金沙、麝香、牦牛尾等珍贵物品，对孟加拉是极为有利的。② 英国呢绒在西藏这一高寒地区本来可以畅销，不过近年已敌不过法国呢绒的竞争。③ “至于欧洲人获得进入西藏或不丹贸

---

① M. 第 194—195 页。

② M. 第 197 页。

③ M. 第 204 页。

易则是办不到的事情”。“从前，当来到印度的欧洲人还仅仅是商人的时候，要到那里设立分公司（factory）和自由贸易都不会遇到困难。然而现在英国人升到如此高的地位，获到如此大的权势，成了所有邻人疑虑的对象，我这次进西藏时引起的反对，执行任务时遇到的重重困难都来源于此。拉萨地方政府认为我是奉命调查当地情况的人，将来英国人的野心也许会促使他们试行侵略西藏，英国人握有优良武器，又会使他们成功”①，所以，要改变这种局面最重要的是设法消除这种“偏见”。

波格尔提出一个最有效的办法是鼓励克什米尔、不丹、西藏的商人和行脚僧（gosaln）等每年冬季前来孟加拉北部或加尔各答，由公司给予他们以便利和优待，让他们买到最廉价的英国呢绒和五光十色的商品，引起他们的兴趣。西藏人对恒河河畔的佛教圣地怀有向往的热情，加上对这一切新鲜事物的爱好，就会慢慢地被吸引前来孟加拉，如伊斯兰教信徒去麦加朝圣那般，同时也就开辟了一个销售孟加拉商品的广大市场。②

波格尔说，班禅喇嘛还答应向中国皇帝请求，让东印度公司派人去北京，波格尔对这一点却不敢抱乐观的态度。不过他想即使不成功，能够同北京的朝廷之间搭上一种间接通讯的关系，也是公司值得争取实现的一个重要目标。

报告书指出，班禅喇嘛虽然不管实际政务，然而他的威望和影响完全能够起促进通商的作用。由他发给商

---

① M. 第203页。

② M. 第198、203—205页。

人及往来的路票，受到西藏普遍的尊重。他不仅受到自己百姓的崇拜，而且受到所有邻国的尊敬。他的温和的性格也最适合于推动商务往来。① 所以波格尔建议公司凡与孟加拉北境诸山国交涉，最好同班禅喇嘛采取一致的步调，因为班禅喇嘛既熟悉那一带的情况，又一贯以其神圣的地位调解纠纷，赢得各国君主的好感。

至于不丹作为西藏与孟加拉之间的通道问题，依海斯汀司 1745 年 5 月 9 日的指示，要以不丹首都作为交通中心。波格尔认为这样做将损害不丹上层垄断转口商业的利益，不易办到。所以他自行做主，在班禅喇嘛派人协助下，取得不丹当局同意，有条件地答应印度商人和伊斯兰教商人经过不丹去西藏贸易②，只要有班禅喇嘛发给的凭证，还可以取原道回来。③ 孟加拉的商货，以靠近不丹边境的朗普尔（Rangpur）作为销售市场为宜。

波格尔在报告的结尾部分说，打通尼泊尔的道路问题，不在他的职责范围之内。只要尼泊尔不丹的通道一朝畅通，他认为，他这次入藏的目的就已达到，而无需再做别的事情。“关于通商一事，需要保证的无非是自由和安全两个条件。只要听其自便，商人们自然会找到最好的做买卖的办法，再因切身利益的激励，他们也自然会对商务作出最大的努力。”

最后，他说：“这次远行还是创举，当地土著又对我疑虑重重，这些不利条件也许能使我得到几分原谅。我

---

① M. 第 197 页。

② M. 第 201—202 页。

③ M. 第 205 页。

对自己所承担的任务实在已经竭尽全力。现在对我执行使命的情况，怀着惴惴不安的心情静候钧裁”①。

我们拿波格尔这份报告的要点同海斯汀司交给他的任务的指示相对照，就了解这中间存在着非常大的距离，英国人的愿望并未能实现。上文对此已有了说明。而在另一方面，不能否认，波格尔也取得了不小的成绩。首先，他第一次为英国东印度公司搜集了有关不丹和我国西藏的政治、经济、军事、社会、历史、地理、宗教、文化各方面的大量资料。海斯汀司特意向当时英国文豪约翰逊博士（Dr. Samuel Johnson）推荐可公诸于世。② 其次是波格尔给第六辈班禅额尔德尼及其左右留下了一个比较好的印象，使扎什伦布寺与东印度公司之间的联系得以维持下去。

波格尔回到孟加拉时，海斯汀司已荣任总督，然而他在东印度公司的监理会中居于少数派地位，处境困难。他写给波格尔的一封信里承认对波格尔此行的结果感到“十分满意”。他说：

> 我要求的是开放西藏与孟加拉之间贸易往来，但是现在，我不想要求派去英国的坐办（English Resident）。不管我对此有过什么样的想法，现在没有办成。我觉得倒更好。③

① M. 第206页。

② M. 引言第155—156页。

③ M. 引言第144页和第145页间的影印原件，书中第145页引文不知道为什么把上面两句话删去了，现特为补译。

东印度公司监理会也基本肯定波格尔的劳绩，发给他一笔一万五千卢比的津贴，然而没有委以实缺。① 直到1776年暮秋，海斯汀司又掌握实权，方派波格尔整理编制公司的一部分土地租赁的档案资料。1778年，波格尔知道第六辈班禅额尔德尼将去热河为乾隆皇帝祝寿，7月曾上书东印度公司，拟随从班禅喇嘛循陆路去北京，或自己取海道抵广州，再伺机往北京。② 然而过了一年多，不见结果，可能公司并不认为这值得一试。

1779年9月，波格尔被公司任命为朗普尔的地方税务官。③ 1781年1月16日，他接到海斯汀司来函问他愿意不愿意来加尔各答担任筹建中的税务委员会的委员，这显然是要提拔他的意思。波格尔接信后即刻启程去加尔各答，但于4月3日患病去世，死时年仅34岁。

综观波格尔的事迹，1774—1775年入藏之行是他一生中最大的事件。多少年来，西方作者谈到英国同西藏的关系时，一定从波格尔入藏一行谈起。而波格尔虽然实际上没有圆满地完成使命，但本人对这次在藏所受到的优待，感激万分。他在信中每次提到都要赞扬感谢，连他自己也觉得是否太感情用事了④。事隔五年，1780

① M. 引言第148页。

② M. 第208—209页。

③ M. 第151页。

④ 英国印度事务部图书档案馆第MSS. EUR. E. 226/70号档。他警告读他笔记的人，需要运用一点自己的判断。他承认自己只要看到别人有意叫他高兴，他就会感到高兴，只要得到他所能得到的最好的东西，他就觉得一切都很好，一切都光明。他说：“一个比我更聪敏和更具有甄别力的人也许会对他在西藏受到的接待提出一个很不同的看法。但我只能记下我所认识到的一切，如果这些被我的性格歪曲了，这不是我的本意，只能请求原谅。”

年1月18日，他在一封家书中谈，他能够到山里去旅行一个月，“但遗憾的是我的朋友扎什喇嘛不在那里了，我由衷地喜欢他，如果有他胖胖的手再一次摸摸我的脑袋，我会感到幸福”①。

最后，作为本文的结束，我们想引用波格尔在1775年3月10日他将离开扎什伦布寺之前写给他妹妹的信中的几段文字，很可能有助于我们了解他性格的另一个方面。这几段文字如下：

在这归期日益接近的时候，我觉得我怎么也无法摆脱自己向喇嘛告别时的沉重心情。老实说，他对我的一片善意和盛情的款待以及为人之和蔼可亲，使我非常之喜爱他，离开他时，我将深深地感到惋惜。虽然我浪迹天涯已跑了不少地方，但是我还没有学会如何离别，一想到这是一次永别，心里更是无法排遣。

每当我回顾在这山区度过的这段时光，仿佛它是神话似的梦境一般。这里的景物和我遇见的人物的离奇，以及我这段生活的离奇，整个像是一片幻觉。

虽然一天天地过去，我既无所事事，也没有什么娱乐，但这一天天过得无忧无虑，可以肯定说是我一生中一段最平静的生涯。现在这日子快完了，我即将回到加尔各答的忙乱和烦嚣中去了。

永别了，诚实而淳朴的人们！祝愿你们能长远享受那份比你们更文明的人们所无法享受到的幸福。当他们

① M. 书引言第152页，这里所说的班禅不走，是指他离开扎什伦布去北京为乾隆祝寿的事。

正刻意追求无止境的贪欲与野心的时候，祝愿你们在这荒凉的高山保护之下，能够除了上天没有给予的之外，别的一无所求，继续生活在和平和满足的幸福之中罢。①

此文1983年6月与邓锐龄合作，收入同年10月在四川温江举行的藏族学术讨论会论文集

① 英国印度事务部图书档案馆第MSS. EUE. E. 226/25号档。

1929年版《艾奇逊条约集》第十四卷何以有两种不同版本?

兼评西姆拉会议(1913—1914)

1913年至1914年举行的关于我国西藏的西姆拉会议，一直被我国斥为非法会议。有的外国作家表示不懂何以非法？我认为可以指出两个主要理由：第一，这是我国辛亥革命后袁世凯阴谋篡国，为了博取英国对他的支持，派人出席这次丧权辱国的所谓“中、英、藏三方会议”，是卖国行为；第二，会议期间，北洋政府代表陈贻范发觉英方代表亨利·麦克马洪爵士（Sir A. H. McMahon）勾结西藏地方代表伦钦夏扎·边觉夺吉暗地交易，对他进行隐瞒、欺骗、讹诈，以致连袁世凯控制下的北洋政府亦无法接受，召回代表，会议流产。这是西姆拉会议之所以非法的第二个理由。

然而西姆拉会议虽已流产，而会议的余毒却至今未尽，在某些人的歪曲、播弄、煽惑下，国外舆论争论不休。问题的症结可说集中在1929年出版的《艾奇逊条约集》第十四卷出现两种不同版本，对这次会议出现了两种截然相反的记录和结论上。近年来，对这不同版本的问题，几次有人指出并有所揭露，孰真孰伪应当不难辨明，看法似乎可以归于一致了。可是不然，现在凡是有关西藏的问题，国外总有那么一股潜在力量作梗，使一部分知情人士对此不得不有所顾忌。有的似乎是避而不言，有的是欲言又止或言而未尽，更有的甚至继续扩散迷雾，以搅乱视听，混淆是非。作为一个藏族历史的研究者对此深深感到有必要把这个条约集第十四卷所以出现两种不同版本的问题放到它的历史环境中，进行一次全面的考察和分析，以期有助于澄清事实，这是我写作本文的一个动机。

首先，应对这个条约集作一简单的介绍。

《艾奇逊条约集》，或全名《印度和邻国的条约、协议、证书汇编》①，是由英属印度政府外交部次长 C. U. 艾奇逊（Charles Umpherston Aitchison）主编的一部印度政府和印度各土邦以及印度政府和邻国政府或地方签订的条约、协议和证书的条约大全。这是一部多卷本的条约集，其编排体例是按照时间和地域分章，由若干章合成一卷，在每章之前，编者做一本章所述的土邦、邻国或地方的历史纪要，说明与之缔结条约、协议或颁发证书的经过，而后附上条约、协议或证书的英文原文。这无疑是一部代表当时英属印度政府的观点、立场的最全面和最权威的条约集，亦是历来被人尊重和广为引用的印度政府的官方文献。

在这部条约集中，与本文有关的应当有第十二和第十四两卷，因为第十二卷有关于印度阿萨姆的专章，而第十四卷有关于不丹和我国西藏的专章。但是因为条约集把西姆拉会议的纪事和条约都编入第十四卷，出现两

① *Collection of Treaties Engagements and Sanads relating to India and Neighbouring Countries*，以下一律简称《艾奇逊条约集》。

种不同版本的亦是这第十四卷，卷首都印有“经外交部批准修订并续编至1929年止”和由“加尔各答印度政府中央出版局1929年出版”等字项，但其中对西姆拉会议的纪事和条约却截然不同。所以本文所谈的只限于《艾奇逊条约集》第十四卷有关西姆拉会议的部分，至于第十二卷只对其中有助于说明我们讨论的部分偶有提及，其余即不属于本文论述的范围。

就我所知，问题的发现虽然很早，然而最先揭示这个问题内幕的，是一位英国外交家艾迪斯（J. M. Addis）先生。他在1963年2月写的一篇题名为“印度和中国的边界问题”（The India-China Border Question）的论文中，第一个指出1929年版的《艾奇逊条约集》第十四卷有两种不同文本，一种是没有记载1913年至1914年西姆拉会议的任何文件的，另一种是载有西姆拉草约和关于“麦克马洪线”的往来函件的。据一位对中印边界深有研究的兰姆博士（Alastair Lamb）告诉我们，艾迪斯认为这些文件是在1929年后插入《艾奇逊条约集》第十四卷中的，是想用这新书来替换那没有这些文件的原书的。所以现在一般英国图书馆中所能见到的，就是这后来加进了这些文件的“修正版”。然而兰姆博士说，艾迪斯先生本人却在美国哈佛大学的图书馆中看到一册1929年版第十四卷的原书，据说这原书不仅没有上面提到的西姆拉草约和有关“麦克马洪线”的往来函件，而且明确指出这次西姆拉会议根本没有产生任何有效的协议。兰姆博士说，艾迪斯先生的这篇论文详细探讨了这一问题，而且承蒙赠送一份给自己并同意他在此一提等等。①

然而十分遗憾的是，这篇如此重要的论文是哈佛大学国际事务研究中心的一个内部读物，只限于一个极小的圈子内流通，广大读者是无法看到的。不仅如此，据说这篇论文在1963年2月甫经印出，即在4月进行了修改。其中如第四、五两章，即关于“麦克马洪线”的由来和这条线的走向问题，以及从第二十五章到结尾的第三十章，谈到中印边界的东段部分，都由作者全部改写了。作者在修改后的论文的引言部分声明，他从第一章到第六章所用材料，完全根据1960年中印官员会谈的报告，并无其他，并强调这篇论文是限于内部流通的读物，除非得到作者本人允许，他人一概不得引用或复制。所以这篇第一次揭露这个问题的实质的文章，经过改头换面之后，又被封锁得严严密密，使我们一般读者就根本无法问津了。

第二个提出这个问题的人，就是上述的英国学者兰姆博士。他在1966年出版的两卷本《麦克马洪线》一书，可能至今还是这方面资料最充实、持论最公允的权威之作。兰姆博士几乎查阅了当时英国外交部和印度事务部公开的所有重要的有关档案，在许多方面提出了他卓越的见解或重要的线索。然而由于他著书时英国政府有限于五十年前的档案才对公众开放的规定，所以他没有机会看到最关键的30年代的档案，而未能揭开1929年版《艾奇逊条约集》第十四卷何以会有如此互相矛盾的

① Alastair Lamb, *The McMahon Line*, 1966, Vol, II, p. 546, note no. 26. 以下简称兰姆书。

两种版本的帷幕。不过他是读到了艾迪斯的论文的，并誉之为一篇“引人入胜”的文章，可惜未能作进一步的探讨。他在1975年发表的《中印边界在拉达克》（The Sino-Indian Border in Ladak）一文中再次提到这事，并且指出《艾奇逊条约集》第十四卷原书根本没有“麦克马洪线”的秘密换文。

再一个值得提到的是美国作家伍德曼女士（Dorothy Woodman），她于1969年出版的《喜马拉雅山边疆》（*Himalayan Frontiers*）一书，是一本重点论述中印边界问题的专著。其时，英国政府对开放档案的规定时限，已从满五十年缩短为满三十年。所以伍德曼已能看到1938年为止的档案，她是有可能知道这段内幕的最早的作者之一了。然而，据一位评论家说，出于学术研究之外的原因，她在书内就是没有提。不过伍德曼也给我们提供了一些有意思的第一手材料，例如：1914年西姆拉会议流产后，印度政府对整个会议如何评价的问题；1935年印度政府如何再度引起对中国西藏和印度阿萨姆的边界的争议问题；等等。

一年后，即1970年，出版了英国学者内维尔·马克斯韦尔（Neville Maxwell）的名著《印度对华战争》（*India's China War*），他进一步揭穿了不少关键性的问题。他根据档案坦率地道破1929年出版《艾奇逊条约集》第十四卷时，印度政府何以不敢印上西姆拉会议的秘密文件，但后来又何以要印出这些秘密文件来，并把用这样一本所谓“修订本”冒充1929年原版本，并销毁原版本的做法，直截了当地指为“伪造证件”的非法行为。马克斯韦尔也承艾迪斯赠送了一份那篇不公开的论文，马克斯韦尔书内引用的1929年《艾奇逊条约集》第十四卷真本记载西姆拉会议的那段文字，就是摘自这篇论文的。当时大家相信自从伪书问世，真本已被销毁净尽，所以他说，在这次销毁命令下幸存的仅有一部原版本，现存哈佛大学图书馆。

这里不妨提一下，1977年澳大利亚出版的J. G.马歇尔（Julie G. Marshall）编的《不列颠和西藏1765—1947，印中边界纠纷背景资料选编，西文出版书文题解》①。这书是关于整个中印边界问题的西文参考书目和论文编目，其中东段边界在书内占据重要地位。编者搜罗甚广，编排至精，而且在每一分编的前面撰写一段简介，以阐明自己的观点，证明是花了相当大的工夫的。除了介绍上列几位作家，还有对这条约集第十四卷作过特别研究的印度学者K. 古普塔（Karunakar Gupta）的部分文章，都已被编入目录，说明编者对这第十四卷有两种不同版本一事是不可能不知道，也不可能没有看法的。然而显然也是出于非学术性的考虑，只含糊提到一句印度政府直到1938年才决定出版一本《艾奇逊条约集》第十四卷的"修正本"，以取代1929年的原版本。于是说：

> 这修正本与1929年版本是一个样的，包括出版日期，只是有关西姆拉会议各节，作了改动，当时有命令将原来1929年的版本加以销毁，但是有几册被漏掉了。

---

① Julie G. Marshall, *Britain and Tibet*, 1765-1947*: The Background to the India-China Bordr Dispute, A Selcet Annotated Bibliography of Printed Material in European Languages*, 1977. 以下简称马歇尔书。

> ……令人难以置信的是1973年克劳斯（Kraus）复印这一版艾奇逊条约集时，却包括了原版的第十四卷，而不是修正版。①

如果没有读过上面几位作者的揭发，这段文字是十分令人费解的，例如说这两个版本是一样的，包括出版日期，只是有关西姆拉会议各节，作了改动。既然说一个是1929年出版，一个是1938年出版，两者怎么可能“包括出版日期”都是一样的呢？还有，明明说是有关西姆拉会议各节已经作了改动，两者又怎么可能还是一样的呢？无怪有人感慨，在写到西姆拉会议时，有人似乎总是存心叫人看不懂似的。不过编者在提到销毁原书时说，有“几册”被漏掉了。似乎指哈佛大学图书馆所藏的不是幸存的仅有的一本，这一点是新的内容。

在这方面，我认为能治学严谨，以毫不妥协的精神尊重事实，无所隐讳地阐明自己所见，像古普塔博士这样的印度学者是值得尊重的。早在1971年，古普塔博士就在伦敦的《中国季刊》(七至九月号)上发表《麦克马洪线1911—1945：英国的遗产》一文，谈到了这个问题。1977年，他又去伦敦住了一年，专门查阅印度事务部档案馆内大量有关中印关系的档案。他所涉猎的范围，虽不仅限于中印边界东段的问题，然而这是他探索的一个重点。他以一个学者的坦率和真诚，揭露了《艾奇逊条约集》第十四卷两种不同的版本，虽都标明是1929年出版，但实际是在不同年份出版的具体经过，使事实得到进一

① 马歇尔书，第329页。

步的澄清，这是为中印两国人民做了一件极大的好事。

本文的写作有不少是根据古普塔博士著作提供的线索，凡采用他用过的档案材料或观点的地方，都一一注明，不敢掠美。不过这里就不再做专节介绍，以免重复。

既然明确1929年版的《艾奇逊条约集》第十四卷有两种不同版本，一种是在1929年出版，即西姆拉会议后第一次编定的条约集第十四卷，这是真本；另一种是在1938年8月出版，但冒充是1929年出版以调换那个真本第十四卷的，这是伪书。这两种版本的差别就在于它们对1913年至1914年的西姆拉会议作了两种截然不同和完全相反的记载。

为了说明这个问题，似乎需要重复一遍会议的前后过程，但决不是这篇论文的篇幅所允许的。我们只要把两书有关会议的纪事和条约作一对比，就不难看出它们的区别所在，以及何以要拿一册伪书来调换真本的用心所在了。

上文说了，1929年版条约集第十四卷真本，是印度政府在西姆拉会议后第一次编定的官方记录。其中有关西藏的纪事部分，共有两处提到了这次会议。

一处是叙述这次会议的经过，全文照译如下：

> 1913年，西藏、中国和英国的全权代表在印度举行会议，企图解决有关中藏边境事宜，并于1914年拟就和草签了一个三方条约。然而中国政府不准其全权代表进行正式签字。

对这段文字的其他问题暂且不谈，现在要注意的是，纪事内明白指出这次会议目的是企图解决“有关中藏边境事宜”，也就是说有关我国西藏和我国其余地方的边境事宜，而别无其他。换言之，这是一个纯属中国的内政问题。

另一处是在第19页至29页谈到藏印通商问题时说：

“1908年，西藏、中国和英国的全权代表签订了通商章程（第Ⅳ号）。”（指条约集的编号——作者注）

这里指的是1908年（清光绪三十四年）清政府派全权大臣张荫棠率同西藏夏摆（噶伦）擦绒·汪曲结布作为一方和英国政府全权大臣韦尔敦（E. C. Wilton）作为另一方签订的《中英修订藏印通商章程》。这章程的序言和结语部分都明白指出，这是中英双方特派全权代表对1893年中英签订的西藏通商章程进行修改，又指明中方除全权大臣张荫棠外，还有西藏地方当局授予全权的代表，夏摆擦绒·汪曲结布，在张大臣指导下参与交涉，中、英政府派的是专使Commissioner，西藏派的是代表Delegate，所以这是中英两方议约，这一精神始终贯彻在全约的条文之中。这一点需要说明，因为条约集在这里就措词含混，至今一直被人有意或无意地加以曲解。

上面一句的下文是：

该章程每经十年得修改一次；虽以1914年那次流产（abortive）的三方会议结果，作过某些修改，然而该章程仍然是处理印藏通商事宜的根据。

这里说的1914年“那次流产的三方会议”，就是指西姆拉会议，所谓流产，就是指袁世凯政府不准其代表正式签字，召回北京，会议因此破产。所以 1908 年的《中英修订藏印通商章程》仍然是处理印藏通商事宜的根据。

我们虽不同意这段纪事的模糊、歪曲之处，然而它多少保存了事实真相：承认会议流产，没有产生任何结果，就是事实。其次，再看后面附的条约，就是会议以前所订的：

1. 1904 年 9 月 7 日英军入侵拉萨迫签的拉萨条约。

2. 1904 年 11 月 11 日印度总督签署削减拉萨条约规定的军事赔款的声明。

3. 1906 年 4 月 27 日中英双方允认（英语为 Confirm）1904 年拉萨条约的协定（条约）。

4. 上述 1908 年的《中英修订藏印通商章程》。

以上是 1929 年英印政府对西姆拉会议所持的态度。

现在，我们再看 1938 年印出以冒充真本的伪书是怎样说的呢？这里有一段相当长的关于西姆拉会议的纪事，照译如下：

1913 年，英国、中国和西藏的全权代表在西姆拉举行会议，企图谈判交涉关于西藏的国际地位，特别是关于三方政府的关系，以及西藏对中国和印度两方的边界，以期取得协议。会议在亨利·麦克马洪爵士主持下，经过长时间的谈判，起草了一个英、中、藏三方条约，由三方代表于 1914 年在西姆拉作了草签。然而中国政府拒绝批准这个协议。由于中国拒绝，它就自行剥夺了按照协议所能获得的实惠，其中包括明确承认西藏是在中国宗主权之下，并同意允许在拉萨留驻一名中国官员和一支不超过三百人的适当的卫队。然而大不列颠和西藏则以声明的方式批准了条约，接受彼此受其条款的约束。

〔本〕条约包括规定中藏和印藏的边境界线。在中藏边境上，划定两条边界，在这两条边界之间的部分名为内藏，在这西面边界以西的部分西藏名为外藏。

然而由于中国不予批准，这些边界还是流动的。另一条印度和西藏之间的边界，从阿萨姆起到缅甸边境，已经英王政府和西藏政府同意划定，起自不丹东境到伊洛瓦底江和萨尔温江的分水岭上的伊索热西山口为止。在布拉马普特拉河河湾以西的这段边界大部分沿着喜马拉雅山主脊，在那地点以东，包括阿萨姆政府与缅甸政府政治管辖下的所有部落地区在内。这条边界整个距离印度和缅甸的平原约 100 英里之遥。

在这条约之下大不列颠和西藏还缔结了一项新的通商章程，以替代旧时 1893 年和 1908 年的章程。

试问，什么西藏的国际地位问题，西藏和印度的边界问题，在西姆拉会议上曾提出过这些问题吗？袁世凯政府的代表陈贻范曾讨论过这些问题么？1929 年出版的条约集真本提到会议讨论了这些问题吗？还有一项什么新的通商章程以替代 1893 年和 1908 年的通商章程，在条约集真本上不明明说 1908 年的通商章程“仍然是处理印藏通商事宜的根据”吗？

这册实际是 1938 年印出但冒充是 1929 年出版的伪书，不是什么修正版，而是从根本上篡改了这次流产的西姆拉会议的内容的一个伪造文件。同时，在这册伪书内又塞进了西姆拉草约修改稿和直到 1938 年从未公开过的“秘密”的非法文件。现在把这些非法文件开列并略作说明如下：

一、“西姆拉条约”，就是上面说的西姆拉草约修改稿。

兰姆博士早经指出，现在公开的西姆拉草约有两个文本，一个是经陈贻范和麦克马洪、夏扎·边觉夺吉作了草签的 1914 年 4 月 27 日文本[①]，另一个是会议破裂后，麦克马洪感到有的文义太露骨作了某些改动，只由他和夏扎·边觉夺吉二人草签的 1914 年 7 月 3 日修改文本，当然这个修改文本是没有经陈贻范草签的。[②]《艾奇逊条约集》第十四卷伪书所载和其他书籍广为引用的就是这个修改文本，其中第十款和第十一款，都经过改动了。

这里涉及一个法律程序问题：一个条约文本在既经草签后，其中的一方又擅加改动，这个文本还能继续有效吗？

二、1914 年 7 月 3 日麦克马洪和夏扎·边觉夺吉二人秘密商定的通商章程十一条。

这是 1938 年伪书第一次公开的密件，是这二人背着陈贻范商定，用以替代 1893 年和 1908 年的两个通商章程的秘密文件。这是一个旨在排斥中国主权和出卖西藏人民利益，并创立一个撇开中国中央政府直接与西藏地方订立条约的先例的秘密文件。

---

① Anon, *The Boundary Question between China and Tibet: A Valuable Record of the Tripartite Conference between China, Britain and Tibet, Held in India*, 1913-1914，藏边划界记，民国二、三年中英藏三方会议要录。1940 年，北京，第 133—139 页。

② 参阅兰姆书，第 620—624 页。

三、1914 年 7 月 3 日麦克马洪和夏扎·边觉夺吉所签的一项“声明”。

这又是一个 1938 年伪书首次公开的密件。全文如下：

声明

英国和西藏的全权代表兹将下列声明载入记录，我们承认所附业经草签的条约对英国政府和西藏政府有拘束力，并同意：只要中国拒绝在上述条约签字，中国将被排除享受由于该条约所产生的一切权利。

我们在此声明的英文本二份、藏文本二份上签字盖章，以资证明。

公元 1914 年 7 月 3 日，即藏历木虎年五月十日，订于西姆拉。

伦钦·夏扎　亨利·麦克马洪

英国全权代表

四、1914 年 3 月 24 日和 25 日麦克马洪和夏扎·边觉夺吉二人关于西藏和阿萨姆边界（即所谓藏印边界）的往来函件。

这是 1938 年伪书第一次公开的一个绝密的密件，也就是后来所谓“麦克马洪线”的由来。这里公开了两封信件，一封是麦克马洪在 1914 年 3 月 24 日致夏扎的信，简单提到从伊索热西山到不丹边界的“印藏边界”，已绘于一幅由两张合成一幅的地图之上，随信附上两份；另一封是夏扎次日复信，在附有若干条件的情况下表示同意，在地图上签字盖章，并将其中一份寄还麦克马洪。

条约集中既没有信内提到的这幅至关重要的地图，别处也从未公开过。这幅地图是直到1959年8月中国和独立后的印度发生边界纠纷后，才由印度外交部1960年出版的《印度北部边境地图集》中首次发表，事情前后隔了几乎半个世纪。①

很长时间以来，关于西姆拉会议的许多争论，就是围绕着这两书的问题而引起。现在关于1929年版《艾奇逊条约集》第十四卷有真伪之分一经泄漏，势必在人们心中引起一系列的疑问。西姆拉会议期间，麦克马洪既然不让陈贻范知道他和夏扎搞了不少非法交易，1929年出版条约集第十四卷真本时，印度政府把这次会议称为流产的会议，没有发表任何会议文件，那么后来何以又决定要加以公开了呢？既然要加以公开并像有人说的，是光明磊落和无可非议的，那又何以悄悄地把大量经过篡改的材料塞入书内，来冒充1929年的真本，并要求把真本全部销毁呢？再有，既然公开了1914年3月24日及25日麦克马洪与夏扎的往来信件，何以不同时公开信内提到的那幅地图呢？根据后来的证明，当初不主张公开这些"秘密"是印度政府的决定，后来要求公开这些"秘密",亦是印度政府的决定，这中间究竟起了什么变化呢？

这一系列问题，势必叫人要求答案，想回避事实是不可能的了。

但也不能说没有人提出过解释。一种解释是说，印度政府所以迟迟不发表这些"秘密"文件，是因为英国

① *An Atlas of the Northern Frontier of India*, Government of India, Ministry of External Affairs, New Delhi, 1960.

受1907年同俄国签订的圣彼得堡条约的束缚。这条约规定，双方除非通过中国政府的中介，不得与西藏进行直接交涉，然而麦克马洪却和夏扎秘密进行交涉了，所以不得不向俄国政府保密。

这次秘密交涉违反圣彼得堡条约规定，是无需说明的了，但是现在的问题并不在这里。沙皇俄国早于1917年革命时被推翻，新成立的苏维埃政府声明所有沙俄时期订立的条约一律作废。现在谈的条约集第十四卷是1929年出版的，难道这时候英国政府还受1907年条约的束缚吗？

古普塔博士已经指出这一点了。不过他还提到1922年的华盛顿条约有不得侵犯中国领土和主权完整的规定，可能对此会有影响。不过也不尽然。如果这个理由能成立的话，那么印度政府何以后来又想把秘密文件公布了呢？

一些替西姆拉会议或当时英国的政策进行辩护的人，总喜欢事事拉上一个俄国，仿佛一切都是出于防俄，尽量少提或不提中国。实际上，英国在西姆拉会议的问题上，不仅处处效法沙俄在蒙古的作为，而且几乎是事事和沙俄政府商量着办的。他们的保密对象是中国，因为西藏是中国的一部分。但是因为他们不愿提这一基本事实，想尽量避免，因而往往把自己引进死胡同里出不来，这就是一例。

又有人的解释是西姆拉会议流产后，第一次世界大战爆发，人们的注意力随之旁移，再加以印度政府的传统政策是一贯重视印度的西北边疆，而从不重视东北边疆，以致多少年来把这方面的事情根本忘记了。

要拿这些理由来解释一人一时的疏忽，或许可以。但要拿这些理由来解释一个政府在十年、二十年，甚至更长期间健忘到对这样一件大事都想不起来，甚至对此职责攸关的边疆大员都一无所闻，一无所知，似乎有点荒诞到令人无法置信。后文，我们将列举一系列事实证明印度政府并没有忘记这事，有人还在不断为此努力，然而西姆拉会议已成过去，那种由几个英国边境官吏颐指气使、左右一切的日子已一去不复返了。这才是他们长期保持沉默的理由。

还有一种解释是说，如果把这些秘密一下公开了，怕会给中国人一个反英宣传的把柄。这倒多少有点实事求是了。但是关于中国人何以要反英，何以会给中国人一个把柄，这些又不愿意多讲了。

恐怕唯有将这一切和当时的历史结合起来考察，才能找出事情的脉络。

从历史上看，西姆拉会议标志着英国对华政策在西藏问题上的一个转折点。如果在这以前，英属印度政府还没有一个明确完整的对藏政策，那么现在它是要趁中国辛亥革命后的混乱，通过所谓“三方会议”一下把西藏置于它的实际控制之下，再给中国中央政府留一个“宗主权”的空名，来充当一名听话的配角。这个政策的制定似乎与当时被誉为“西藏通”的贝尔（C. Bell）分不开，至少他是一直这样自我宣传，唯恐别人不知道的。不想这个政策还来不及在会议桌上全部亮出来时，就遭到袁世凯控制下的北洋政府拒绝，会议因此流产。

然而会议虽然流产了，斗争却并未结束。

会议是在 1914 年 7 月 3 日破裂的，1917 年时在昌都地区爆发一场武装冲突，这绝不是偶然的。从清帝退位、清军撤离拉萨以来，金沙江西的昌都、察雅、宁静、恩达、类乌齐、三十九族等地还一直是由赵尔丰遗下的边军驻扎和管辖，情况未变。这是英人在会议中设计的划分所谓“内藏”和“外藏”的一大障碍。所以西姆拉草约第三条说，从签字之日起，如“外藏”尚有内地驻军或官员，应在三个月内一律撤退，虽未明言，就是指的这部分边军。到1917年和1918年间，拉萨藏军得到英式训练和英国枪械后，一举击败这部分边军，又渡金沙江而东和川军形成对峙，这时突然有一名英国驻华使馆的副领事台克满（E. Teichman）出面调解，停战签和。这是通过流血来实现会议桌上未能实现的一段“内藏”和“外藏”的分界，也就是英方允予拉萨以军事援助和外交支持，以鼓励西藏分裂倾向的策略得到兑现。当时，印度政府一面以封闭北洋政府假道印度入藏，作为一个有力武器；一面又通过这次昌都冲突来割断拉萨同金沙江东和内地的联系，把西藏完全孤立起来，真是踌躇满志，自认为是非常成功的。

然而没有想到1919年5月，中国发动了一场“五四”运动，在全国响彻“外抗强权”“内除国贼”的要求下，北京外交部公布了西姆拉会议关于划分“内藏”和“外藏”的部分内容。于是各地纷纷集会游行，痛斥这是变相的出卖西藏，呼吁国民外交，绝对不准外国干预我国内政。北洋政府通过驻华公使朱尔典（Sir John Jordan）告知英国，由于5月份以来全国民意和国会的反对，若要谈判西藏问题，必须有三个先决条件：一是由四川省派代表来京，以便交涉中随时咨询；二是谈判情况要随时告知国会，不得保密；三是如能达成协议，必先提交国会通过后，方能签字。① 不仅如此，与此同时北洋政府又下令甘肃省派出以李仲莲、朱绣为专员和两名藏族活佛组成的一个代表团，径赴西藏，于1919年11月24日到达拉萨。他们受到包括第十三辈达赖喇嘛在内的拉萨上层的多次接见，进行洽谈，于次年4月上旬离藏，返回甘肃。

这是一个弱国为伸张主权，争取主动的一个转折。如果孤立地看这事件，似乎不过是清政府被推翻八年后，民国政府第一次派员入藏以恢复直接联系的开始。据朱绣等报告，第十三辈达赖喇嘛向他们作了三点重要说明：一、他当年逃往印度，并非亲英，是由于钦差大臣逼迫过甚；二、他愿意倾心内向，同谋五族幸福；三、至于西姆拉草约，可以修改。② 然而等他们回来，北洋政府又因为军阀内战加以搁置，不见下文。当时，大多数人是如此看法。但如果我们把这事与西姆拉会议放到一起来考虑，问题就远不是这么简单了。

按西姆拉草约第五款有如下规定：

> 中藏政府约定彼此间或与任何其它国家均不进行有关西藏的任何谈判或协议，但英藏间按照1904年9月7日英藏条约和1906年4月27日中英印藏续约规定的此种

---

① Parshotan L. Mehra, *The McMahon Line and After*, 1974, p. 340, 根据1919年8月29日与9月5日朱尔典致英政府外相寇松电。以下简称梅若书。

② 《西藏地方是中国不可分割的一部分史料选辑》，1986年版，第464—467页。据蒙藏院档案。

谈判和协议除外。①

换言之，草约规定中国中央已降到与其他政府同等地位，不得与西藏地方进行有关西藏的任何谈判或协议了。然而现在北京派出代表团，根本未加理会而到了拉萨，并和达赖喇嘛等进行了直接对话，这就说明北洋政府对西姆拉会议的态度，也同样说明拉萨当局对西姆拉会议的态度，包括前文提过麦克马洪与夏扎所签的那个“声明”。至于达赖喇嘛告诉甘肃代表团的话，更是他本人在否定西姆拉草约的同时，也否定了上述声明的有效性，这一点不是很清楚吗？

如果说，当时一般人对这事件的重要意义还不够清楚的话，那么印度政府中若干官员对此是十分敏感而且无法安枕了。

1920 年初，印度政府不得不起用在休假中准备退休的贝尔，要他复职一年去拉萨挽回颓势，就是对此作出的一次快速反应。

我们知道贝尔从 1904 年（清光绪三十年）起就在印度和我国西藏边境任职，后升锡金行政官，是专门负责对锡金、不丹和驻我国西藏亚东、江孜一线的英商务代理处等侵略机构的高级官员。1910 年（宣统二年），第十三辈达赖喇嘛等逃亡印度期间，他是接待并监视达赖喇嘛一行和担任一切联系工作的联络员。因为通晓藏语，他一直标榜对达赖喇嘛及其亲信有深厚感情，以能和达赖喇嘛直接通话，不需要翻译自豪。西姆拉会议时，他

① 《西藏地方历史资料》，1963 年版，第 304 页。

是麦克马洪爵士的藏事顾问，实际是替麦克马洪出谋划策、挟持夏扎以左右谈判的主要谋士。由于会议破裂，他颇不得志，于 1918 年 4 月退居印度大吉岭韬光养晦，每叹他离职才一年九个月，而西藏对英国的态度已走向下坡路了。

另一方面，也应当看到当时拉萨当权派中确乎有几个对英国抱有幻想的人，尤其在昌都战役占了上风之后，以为只要有了英国军火，就可以把军队一直推进到金沙江东。

然而没有想到世界大战爆发后，协约国希望拉中国参加他们一边，因而约定在中国政局未臻稳定前，一律不得向中国运送武器以免助长军阀内战，印度政府即趁此停止向西藏接济武器，并宣称禁止其他国家军火通过印度运入西藏。这当然只是大国之间的勾心斗角，实际上英国军火仍在陆续运入西藏，然而重要的是英印政府借此显示他们既掌握了西藏军火的命脉，也就掌握了藏军是战是和的最后决策。尽管有的英文报刊对 1917 年昌都战役宣传为“中藏战争”“中国战败”，然而英印政府未尝不知道被藏军击败的只是金沙江西的一支孤军，至于江东的川、滇军阀正忙于内讧，而未暇西顾，如果冲突继续扩大，情况就会不同，这是世界大战后实力衰落的英国亟谋事先防止的事态。但对拉萨而言，西姆拉会议已经失败，昌都战事虽带来一点好处，但从此不得不对金沙江东长期维持一个对峙局面，这是一项沉重负担，愈来愈不得人心。第十三辈达赖喇嘛接待甘肃代表团，正是急于摆脱这样一个完全听人摆布的局面。

贝尔一行迟迟于 1920 年 11 月 1 日起程，他除了带领一批锡金籍的藏族助手之外，还有医官肯尼迪中校(Lieutenant Colonel R. S. Kennedy)、印度邮电部费厄赖(Mr. Fairley)，以及陆续调来协助他的亚东英商务代理麦克唐纳（D. Mcdonald）和充任印度大吉岭高级警官的锡金藏族赖登拉（Sardar Bahadur Laden La）等人。其中，如肯尼迪、麦克唐纳、赖登拉都通藏语，尤其后两人是当年贝尔在印度招待达赖喇嘛的得力助手，阵容不可谓不强了。然而贝尔自己承认：他刚到拉萨不久，印度政府即用急电召他回印，因为大吉岭一带已盛传拉萨群众暴动，贝尔等人全团被杀了。不过贝尔等人还是坚持了下来，他说一度接近他的人，都不愿同他往来；拉萨僧人结队游行，大街上张贴传单号召人民起来杀死贝尔和肯尼迪；僧人和藏军公开对峙，政潮迭起，贵族大户纷纷把贵重财物运往外地，以防不测；最紧张时，达赖喇嘛不得不请贝尔等到“气候凉爽一点”的热振寺去避避风头。然而贝尔在这一派强烈的反对声中，还是一直住到次年（1921）十月中旬才离开拉萨。

贝尔对此行结果，总结了七点，作为他向印度政府的建议：

1. 允许西藏当局从印度进口一定数量的军火，以足够用于“自卫”和“维持内部秩序”为限。

2. 帮助西藏当局训练藏军。例如分期分批在江孜英商务代理处或印度训练藏军官兵由英人执教。

3. 帮助聘用英方技术人员以教授藏人制造火药、枪械。

4. 帮助聘请有经验的科技人员勘测西藏矿藏，包括亨利·海登爵士（Sir Henry Hayden）。

5. 帮助西藏进口开矿和造币的机械设备。

6. 在江孜开办西藏贵族子弟学校，由英人担任校长。

7. 把1904年英军入侵拉萨时架设的从印度边境到江孜的电报线，再从江孜延伸到拉萨，这样使拉萨与新德里之间的通讯，一日可以往还。①

此外，他又取得拉萨同意，除打猎和传教人士外，印度政府可以让个别欧美人士按规定路线入藏游历，包括对珠穆朗玛峰的登山运动。他在建议扩充藏军的同时，又推荐那名印度警官赖登拉在拉萨兴办警察，作为镇压内部的准军事力量，等等。

诚如他自己所说，自从西姆拉会议失败以来。他虽向印度政府一再提出对藏政策的建议，都没有起过任何作用，但是这次情况变了，他对印度政府的所有建议，一概通过，没有一项不被采纳。②

贝尔此行的一个主要目的，是要西藏扩军。贝尔建议把西藏正规军的建制从6000人逐步增加到15000人，一是抵制川康和内地的军阀势力；二是防范尼泊尔的威胁；三是用来对付几个大寺院人数众多的僧人。但要扩军势必需要增加地方税收，他认为无论是兵源或军费负担都不应局限于拉萨及其附近地带，而应当包括较远的地域范围在内。③ 正是这些主张，一方面加深了拉萨内部

---

① Sir Charles Bell, *Portrait of the Dalai lama*, 1946, pp. 341-342.

② Sir Charles Bell, *Portrait of the Dalai lama*, 1946, pp. 334-335.

③ Sir Charles Bell, *Portrait of the Dalai lama*, 1946, pp. 276-277; *Tibet, Past and Present*, 1924, *pp*. 184-185.

僧俗势力的对抗，另一方面又激化了拉萨和其他西藏割据势力之间的矛盾，从而很快引起了一系列强烈反应。

现在有个问题需要回答。

西姆拉会议流产后，几个主要人物，如陈贻范即回北京自请处分，从此默默无闻。夏扎·边觉夺吉回拉萨后，达赖喇嘛对他不满，又受各方指责，郁郁而终。麦克马洪调离印度后，埋怨自己的政府没有给他足够支持，从此不再过问此类事。现在自始至终直接参与会议，又未离职守的，可说只剩下贝尔一人。这次又派他到拉萨住了十一个月之久，别人不提西姆拉会议，不足为怪，难道他也不提西姆拉会议了吗？

事实证明，贝尔并没有忘记，不过一反平时那种喜欢评功摆好的习性，而变得十分谨慎、沉默，即使偶有表露，亦是闪烁其词，虚虚实实，难以捉摸，这究竟是为什么呢？我认为把贝尔在这次拉萨之行后的几次公开表现，加以排列，略作比较，不失为一条很好的线索。

1923 年 11 月 8 日，也就是他拉萨之行后的第二年，他曾到英国中亚细亚学会作过一次讲演，题名为《1921 年的拉萨和达赖喇嘛》①，不是正应该谈谈此行的经过了么？当时在座的听众中有 1904 年率军入侵拉萨的荣赫鹏（F. Younghusband），西姆拉会议期间任英国驻华公使的朱尔典（Sir J. Jordan），还有一名比贝尔稍晚化装潜入拉萨的英国佛学学者麦高文博士（W. M. McGovern），可说都是拥有充分发言权的听众。这是一个再好不过的机会，

① C. A. Bell, "The Dalai Lama: Lhasa 1921", *JCAS*, Vol. XI, *Part l*, 1924.

可以让他公开发表他心目中的西姆拉会议已取得哪些成绩，以及他进藏后如何和达赖喇嘛谈了这个问题。然而奇怪的是，他除了介绍一遍他在印度边境十九年的服务经历，他和第十三辈达赖喇嘛逃印期间的私人关系，又提到第五辈达赖喇嘛取得“对整个西藏的主权”，俄国严重威胁到“西藏的独立”，他去拉萨是一次“外交使节”等等之外，竟只字未提西姆拉会议，更闭口不谈他1921年在拉萨是否谈了这个问题。事后，会议主席还请荣赫鹏、朱尔典、麦高文等发了言，三人的发言内容几乎都和这次会议联系得上，然而竟无一人哪怕是提一下西姆拉会议这个名字，似乎大家脑子里根本没有这次流产的会议了。

同样耐人寻味的是贝尔在1930年4月第XⅦ号英国中亚细亚学报上发表了一篇题名《印度的东北边境》(The North-Eastern Frontier of India）的文章。这是在1929年《艾奇逊条约集》第十四卷（真本）出版后的事情了。这个题目都直接点到西姆拉会议以及印度东北边境和中国的界线问题了。然而贝尔在文内先谈了印度的军事和外交官只知道印度西北边境的重要性，而从不重视印度东北边境，然后提出印度获得“自治”（Self-government）后，如果也要英国军队撤走，印度就再无力量去帮助西藏，那时不仅西藏，就连尼泊尔、不丹、锡金甚至缅甸都会落入中国之手，从大吉岭以东绵延数百英里的茶园企业将受到不断压力，尼泊尔将不再为印度提供两万廓尔喀士兵，而后又说西藏的主要敌人是“中国”，如一朝失去英属印度的援助，就唯有转向苏联，等等。于是再夸耀一番他1921年去拉萨，达赖喇嘛对他如何表示信任之后，文章警告负责制定印度政策的人，不应只看到穷荒不毛的青藏高原，而应当看到在那后面蠢蠢欲动的强大力量。①

总之，贝尔平时不断宣传的大道理，几乎都在这里倾吐一快，但奇怪的是他就是不提西姆拉会议，不提那本条约集真本的结论，尤其不提印度东北边界问题的实质，难道有人要我们相信连贝尔也把它忘记了吗?

当然也不能说贝尔从来就没有提过。至少他在两本私人著作中是作了非常谨慎和精明的表达的。

一本是在那次1923年讲演后第二年出版的《西藏的过去和现在》一书，第十六章“西姆拉会议”就提到了西姆拉草约、新通商章程和西藏与印度东北的边界，可以说这是他为这次会议不可告人的内幕放出的第一次信息。除前面两项暂时不提外，贝尔承认这条我国西藏和印度东北边境的边界是一条“从来没有确定过的”边界。对此，他在两处作了叙述。一处是在第155—156页,照译如下:

另外利用这次交涉机会，决定了一条西藏和印度东北的边界。从不丹向东，沿阿萨姆北部和东部边境，弯向中国、西藏同缅甸内陆的会合点，这条边界是从来没有确定过的。正如前面第十三章所说，中国向这里深入的危险性很大。最近几年，我们的探察部队对这些地区的查勘和对各部落实行一定程度的管辖，已取得很好的成绩。幸好事实证明在这印度和西藏中间八百五十余英

① C. A. Bell, “The North-Eastern Frontier of India”, *RCAJ*, Vol. XVII, April 1930, Parit II, pp. 221-225.

里的艰难和险峻的地面上，可以确定一条边界。这样我们就获得了一条边界，全线距离印度平原约一百英里之遥。在这中间的地区尽是难行的丘陵和山谷，构成一重极好的屏障。

1910 年和不丹的条约，使二百五十英里的印、不边界得到了保障。现经探察部落地区后又继之以协议，就使这片危险地带的其余部分也得到保障。现在印度北部和东北部的边界已相当安全，不致受到外来侵扰了。

另一处是在这书第二章“边界、面积和人口”的第6页，说到西藏和缅甸的边界时，出现了下面一条注释：

从伊索热西山口至不丹的边界在一幅地图和 1914 年 3 月 24 日及 25 日英国和西藏全权代表在西姆拉的换文中均有记录。

这是贝尔关于这一非法交易第一次透露的消息。明明是有关系的两段文字却分插在两处，其中一处为注释，语言模糊，边界走向没有一个地名，注释中提的“换文”和“地图”，是中国政府和英国政府双方都不知道的，是到几十年后才陆续公开的。试问 20 年代时，有哪个先知先觉能看懂其中奥妙所在呢？总之，1914 年中国政府既退出会议，宣布决不承认一切秘密协定，印度政府于 1929 年出版的《艾奇逊条约集》第十四卷（真本），也承认会议“流产”，没有发表任何文件，贝尔的话只能是他个人意见，无足轻重，所以，连印度政府也未予理会。

为了说明贝尔 1921—1922 年拉萨之行，确乎谈了西姆拉会议，这里可引用几段他 1946 年出版的《达赖喇嘛画像》的内容作为旁证。他在这书第十六章谈了布达拉前的印经院之后，突然插入一段十分有趣的文字。这段文字一律用的是现在时态，是无法准确判断某些事情发生的先后的。这里照译如下：

在我上次会见达赖喇嘛时，我和他讨论了一个极为重要的西藏条约，有关其中的一个主要规定。他说他将向噶厦要来这个条约的原件。他会告诉噶厦是因为如此这般的理由所以要看一下。（不是真正的理由，因为怕引起不必要的好奇。）

达赖喇嘛在看过之后告诉我，他不认为那项规定有何值得担忧之外，不过他准备把那条约原件送来给我看。

几天之后，他的重涅钦布不仅将条约原件送到我处，而且遵照达赖喇嘛命令提出把它在我那里放几天，让我抄录下来。他还带来了补充那个条约的第二个条约的原件，并提出也把它留在我那里。这第二个条约是无人知晓的，所以没有被编入《艾奇逊条约集》这部汇集有关印度与各邻邦的条约和其它协议的内容充实的多卷本集子、印度政府的官方记录。

我请这位重涅钦布不要把这些条约留在我那里，而由他亲自保管，我可以派我的两名藏族职员去把它们抄录下来的。达赖喇嘛对人的信任，可谓深矣。真难相信会有哪个国家曾提出过把两个极其重要的条约原件留在一个外国代表的手里。①

① Sir Charles Bell, *Portrait of the Dalai lama*, 1946, pp. 295-296。文内有 Chief Secretary（秘书长）一称，按诸文义，当指重涅钦布，汉译旧称为大传号。

这里除了贝尔一贯的手法，在文字上把西藏说成是一个国家并作自我宣扬之外，他提到了“条约”和一个“无人知晓”并且“没有被编入《艾奇逊条约集》”的“第二个条约”，不禁叫人要追问一下他究竟想说什么？不要忘了这书是1946年才出的，当时1929年出版的《艾奇逊条约集》第十四卷真本和事实上1938年印出但冒充是1929年出版的《艾奇逊条约集》第十四卷伪书都已经流通开了。换言之，西姆拉会议期间，麦克马洪等在会内会外搞的那些非法文件，几乎都公开了（除了那个特别重要的地图），试问还有什么补充“西藏条约”的“无人知晓的”和“没有被编入《艾奇逊条约集》”的“第二条约”呢？贝尔是否在为他二十余年前的拉萨之行修补门面？那次他和达赖喇嘛谈话，尤其是关于那个无人知晓的第二个条约，结果如何呢？根据后来历史的证明，包括第十三辈达赖喇嘛在内的西藏当局一直认为西姆拉会议已经失败，草约无效，可以另议，可以修改。如果真像贝尔所说，达赖喇嘛提出可将原件留存贝尔处让他抄录，那么这正好说明，达赖本人就是把这些文件看作已经无效、无足轻重的一种表示而已。贝尔之言恐怕只是无可奈何中聊以自我解嘲罢。

现在再回头来看他那次拉萨之行，虽说他对拉萨和内地恢复关系这一大势所趋已无法扭转，然而从1922年至1926年间，如延聘印度矿务局负责人亨利·海登爵士到西藏勘测矿藏，聘用印度教育司英人鲁德乐（Frank Ludlow）在江孜开办贵族子弟学校，担任校长；雇用印度警官赖登拉训练拉萨警察；并由英人协助把从印度边境到江孜的电报线一直延伸到拉萨；等等，都一一实现，而且所有费用全由拉萨承担。这都是他足以引以自豪的。然而最重要的是扩充藏军。印度政府从1914年始向西藏当局赠送武器或让西藏购买武器，时断时续，从未终止。同时，从1922年至1926年间，藏军官兵被分期分批送到江孜英商务代理处卫队营在英籍校官下受训，有的被送往印度受训，计包括炮、步、骑兵及通讯兵等科，人数达三四百人。这些军官回营后有的剪发易服，有的无知地佩戴起英军勋章，藏军采用英语口令、英国军乐、英军服饰，使这支历史上有过光荣传统的藏军，仿佛在不知不觉中变成了一支印度土兵（Sepoy）的预备队。据贝尔在一处自己承认，这正是他计划中的一个远期目标。

但亦正是在这扩军问题上，从西藏僧俗上层到一般百姓激起了一阵强烈的反对浪潮。

西藏上层一般都不愿从军。为了新增的军事开支，如何开辟财源，是主要困难。地方税收已罗掘一空，想对印度的进出口提高税率，又受到印度的反对，至于再向金沙江东扩充地盘，不仅会引起同那里军阀的正面冲突，而且明知也不受当地康人势力的欢迎。所以唯一的办法是在西藏地方的范围内，设法压榨，这就引起了内部矛盾的激化。

西藏地方的主要财富，如土地、农奴，从来都被掌握在所谓三大领主（地方政府、贵族和寺庙）之手，实际就是掌握在寺庙、贵族或僧、俗两大领主之手，其中寺庙（僧）领主占有明显的优势。如果把扩军费用加在领主身上，寺庙领主势必承担更多的份额，这就不啻要求寺庙出钱来豢养一批他们心目中的潜在敌人。这是贝尔访问拉萨时，三大寺和藏军公然对抗的一个主要原因。

又如哲蚌寺因为知道英人意图割据门隅地方，起来维护他们的传统利益，游行请愿，立即唤起色拉、甘丹两寺僧众一致同情。于是拉萨当局唯有采纳贝尔建议，把目光转向拉萨管辖以外的一些西藏地方，以扩财源。

这里首当其冲的就是后藏的班禅额尔德尼及扎什伦布寺系统属地，这也就导致了第十三辈达赖喇嘛和第九辈班禅额尔德尼这黄教两大支柱的公开矛盾。历史上班禅和扎什伦布寺所属从来自成一个自立单位，有别于达赖和拉萨三大寺系统，这不仅在宗教意义上如此，政治上也是如此。这是西藏地方长期的封建割据形成的一大特点，故不仅是一个班禅系统而已。达赖、班禅这两大活佛间的私人关系固然一贯和睦，然而他们属下却时有摩擦，在这次扩军经费的问题上引起了总的爆发。拉萨当局凭借其优势实力，要求班禅系统承担历年军费开支的四分之一，有人还声称要从抗英战争时算起，加以追溯，并监禁了班禅派来谈判的几名官员作为人质，这实际是想一举将班禅系统降低到拉萨政权下的一个从属地位。以地埋位置言，班禅所辖四宗（县），和他影响较大的后藏地区，接近印度，英国势力早想拉拢，加以利用，但未能达到目的。到 1904 年英军入侵拉萨时，竟一度劫持第九辈班禅额尔德尼去印度，用意所在，不言而喻。然而，英人承认，终以班禅大师潜心宗教，无意于政治而又告失望。所以 1922 年前后班禅的地位，是处于歧视他的拉萨政权和对他表示绝望的英帝国主义双方夹峙下，近于孤立无援的绝境。但是他终于在 1923 年冬率少数亲随离开扎什伦布寺秘密出走，并冒着生命危险，绕道青海，到达祖国内地。这个出人意料的发展，使整个西藏为之震动。从此，班禅大师久羁内地，与拉萨的关系日渐疏远，成为第十三辈达赖喇嘛一个日益棘手的问题。

在这事件后又一个由扩军引起的问题，是1924年拉萨有人告密，藏军内部产生一个秘密组织，暗结同盟，私立密约，矛头有直指达赖喇嘛政教地位的重大嫌疑。达赖喇嘛等对西姆拉会议本来抱有抵触。1914年西姆拉草约附表内提交换文书的第二条有“达赖喇嘛经西藏政府选定及坐床后，后者即将坐床一事通知中国政府……”① 一语，表面上似乎在压低中国中央的原来地位，但实际是想把将来达赖喇嘛的选定和坐床统统归入“西藏政府”的权限以内，这是违反西藏历史成例的政教大事，达赖喇嘛等不可能不察觉到。当时正盛传新任拉萨警察总监的赖登拉曾规劝达赖喇嘛应视宗教为重，少过问些政治之类的传说，现在又发现有秘密军事组织的迹象，这就迫使达赖喇嘛不得不采取断然措施。他首先罢免了一批被视为亲英的贵族军官，处以重罚，解散了军队中的秘密组织，然后又将赖登拉解雇遣回印度，停止采矿，送回海登；中止派遣藏军官兵到江孜和印度受训的安排；最后关闭英人在江孜主办的贵族学校，遣散鲁德劳；拒绝英国继续派遣珠穆朗玛峰登山队的要求；还一度谢绝英国驻锡金行政官访问拉萨的建议，给了英印势力一次有力的反击。

有人认为第十三辈达赖喇嘛早在1919年时即明确转向内地，因为就在贝尔等访问拉萨期间，达赖喇嘛派出三名僧官常驻北京，一名是负责宗教事务的堪布，一名

① 据条约集英文直译，与《西藏地方历史资料》第305页译文稍异。

是总管其他事务的重尼，一名是翻译罗咱瓦，藏语称之为“堪卓罗松”，意即堪布、重尼、罗咱瓦三人，这就是后来常驻内地的办事机构的开始。

1927年国民政府在南京成立，尽管这是一个半殖民地、半封建性质的政府，而且中国不久受到日本帝国主义的侵略，然而它一开始就以十分明确、坚定的立场，声明西藏问题是中国内政，不容任何外国干涉。1929年，国民政府成立了相当于部一级的蒙藏委员会，负责西藏事务，先后派人入藏，促进双方的了解。从1929年到1931年间，班禅额尔德尼和达赖喇嘛先后在南京正式设立自己的驻京办事处，进一步推动了中央和地方的直接联系。1935年又有第九辈班禅额尔德尼将返回扎什伦布寺驻锡的动议。尽管前途还充满困难曲折，包括外来的阻力，然而这一大势所趋，不可阻挡，是连最不愿看到这一事态的印度边境官员也无法否认的了。

到1933年第十三辈达赖喇嘛圆寂，国民政府特派蒙藏委员会委员长到拉萨致祭，不久设立了蒙藏委员会驻藏办事处。这一系列发展使最后一点，再开一次西姆拉会议式“三方会议”的渺茫希望，也完全破灭。拉萨当局对印度政府的态度已日见疏远，戒备日深，用新德里一位主管向伦敦报告时的特种语言来说，是西藏局势已面临一次“新的危机”了。

正是在这20年代后期的这样一个气候之下，又到了应该出版《艾奇逊条约集》全书的新版的时候了。在这新版中，印度政府对1913—1914年的西姆拉会议究应采取一个什么样的态度，就成了新德里需要和伦敦磋商的问题。

关于这方面，马克斯韦尔和古普塔都有所论述。这里引用的是古普塔根据1928年5月22日印度政府外交部长给伦敦印度事务部政务司的一个公函，解释印度政府在经过周密考虑后，对如何解决这个问题的办法和理由，说得非常具体。这公函谈的是关于1914年背着陈贻范订的印藏通商章程，应否在条约集第十四卷中公开的问题，原文第2、3、4节如下：

……

2. 作为1914年（西姆拉）条约的结果……而签订的通商章程……是有意不明提的。所以这样做的理由如下：

3. 1914年西姆拉会议时……所有全权代表草签了一个条约；但中国全权代表拒绝对条约进行正式签字。然而，英国和西藏的政府秘密签署了一项声明，承认条约对他们的政府具有约束力，由于双方既承认这一条约……英国和西藏政府于1914年签订了通商章程。……

1925年，英皇政府同意应将1914年通商章程作为有效，但不应将章程公布……

4. 初看时，似乎最好是对整个事实作全面叙述，把这通商章程归入《艾奇逊条约集》内，但如果这样做，势必要将这三方条约和它的秘密历史作一简短说明。鉴于目前公开这个声明（虽然看来中国不会至今还不知道有这件事）就可能迫使她对此公开表态，从而授人以一个反英宣传的新的把柄，印度政府认为从整体看来最稳妥是作（如下的）处理。①

① Karunakar Gupfa, *Spotlight on Sino-Indian Frontiers*, 1982, pp. 114-115, 引印度事务部档案IOR, L/P&S/10/1192, 1928。括弧内文字为古普塔所加。以下简称古普塔书。

结果是采取1929年出版的《艾奇逊条约集》第十四卷（真本）的办法，即在叙事部分说明中国政府代表拒绝正式签约，不附任何会议条约或文件；此外在谈到藏印通商问题时说，1908年的通商章程仍是处理藏印通商事宜的根据，等等。

古普塔博士批评上述记录虽基本正确，但不够坦率，因为还“应当指出1908年章程规定西藏通商市场是归中国官员管辖的”①。不过这方面问题不只这一处，本文不拟多谈，现在只想对这公函，指出以下几点：

一、这封公函说得很清楚，是仅仅为了解释决定不发表秘密的1914年藏印通商章程而写的。

二、公函告诉我们，1925年时，印度政府就和英皇政府进行过商讨，并得到英皇政府同意，应认为1914年通商章程有效，但不应公开。这是因为一年前（即1924年）贝尔已在《西藏的过去和现在》一书中放出信息了，但伦敦对这文件的合法性似乎仍采取保留态度。

三、印度政府决定出版《艾奇逊条约集》时，不予公开，因为如果公开，势必要对“三方条约和它的秘密历史作一简短说明”，就会引起中国的反对和反英宣传。什么是“三方条约”？应该是指陈贻范拒绝签字、后来又经改动的那个西姆拉草约？什么是“秘密历史”？公函内提到的就是麦克马洪和夏扎“秘密签署”的那个“声明”和“通商章程”。

四、既认为1914年通商章程有效，何以不应公开？

---

① 古普塔书，第116页。

既不应公开，那又何应该认为有效?

因为这里有些内容和下文很有关系，所以不厌其烦，缕述再三，也是唯恐容易失之大意的意思。

这是1928年至1929年间的事，当时除几个人外，谁也不知道西姆拉会议的“秘密历史”是什么内容。但到1938年，《艾奇逊条约集》第十四卷伪书出版后，再来读这1928年5月22日印度外交部长的公函，就会注意到函内提到“秘密历史”的内容何以没有1914年3月24日和25日麦克马洪和夏扎·边觉夺吉关于西藏和阿萨姆分界的往来函件?指出这一点是很必要的。因为有人就是想造成一种假象，仿佛印度政府是想在这次把所有“秘密历史”全部兜出来的，包括这段边界，而其实不然，因为正是这段边界的“秘密历史”才是后来偷出伪书的要害所在。

1938年何以要出这册伪书?据说是由于一个偶然事件引起，似乎大家已接受了这一说法。

古普塔博士在他的书中说，1935年一件意外事件引起了英国对印度东北边境政策的一个逆转。他说，因为英国一位著名的探险家和植物学家华金栋上尉（Captain Francis Kingdon Ward）在没有得到准许的情况下，由门达旺地区闯入西藏，西藏官员向英国官员提出责问，当时的印度外交部部长卡罗（O. K. Caroe）才发现了这段边界的问题。[①] 这是根据卡罗自己的说法。

对此，一位很熟悉档案的印度作家梅若（P. Mehra）表示异议。他说1914年西姆拉草约所以迟迟不发表，一

---

① 古普塔书，第117—118页。

是希望中国政府有朝一日会在某种形式下加以接受，二是害怕如果公布全部文件，不仅会损害同中国和解的机会，而且将授人以柄，发动一场关于西藏的“帝国主义阴谋”的反英宣传。据他说在1928年出版条约集第十四卷（真本）之前，1920年就考虑过应否公开的问题。这完全可能，因为这时正酝酿贝尔1921年拉萨之行。他又说一次是1925年，即前文提过印度政府和伦敦政府商定条约集不公开西姆拉草约，声明和1914年通商章程，这亦是对的。他说1934年又想到这个问题，但还是因为怕中国的反应，而只在一个文件中笼统提一下条约权利，既不提1908年的通商章程，也不提1914年的通商章程。然而他在总结这段经过时说，从1914年起将近二十年之久，先是唯恐沙俄反对，后来是唯恐中国反对，所以迟迟不公开西姆拉草约及附件、通商章程和“印藏边界协议”①，这就令人不解了。只要核对上文，这个所谓“印藏边界协议”，正是包括这位作家引用的资料在内都已证明，是以前一直不提的，怎么这里蓦然出现了呢？这话倒证明了一点，即这个边界问题不是卡罗1935年的发现，而是1935年故意暴露，又在1938年出伪书时和其他秘密文件一起印出来的。

何以到1935年自愿暴露，就不怕中国反对了呢？因为这时面临日本帝国主义从东北到华北的不断侵略，中国正被迫走向抗日战争的道路，这个动荡的局势不仅消除了某些人的顾虑，并为他们宣扬所谓西藏危机论增添了口实。在这方面起到主要作用的，就是自称无意间发

① 梅若书，第418—420页。

现了这段边界的卡罗先生。华金栋恐怕不过在这里扮演一个一定的角色而已。

华金栋是名植物学家，曾在中缅边境以采集花卉标本的名义长期活动。到 20 年代他又转到雅鲁藏布江大拐弯和南流阿萨姆平原如工布、波密、察隅一带及西至门隅、不丹等地考察。至于他这次 1935 年闯入西藏的目的，是测验一下拉萨当局对他越境的反应，以反对门隅和整个边界所持的态度。对他，这里不得不多说几句。

就在华金栋越境事件前后，锡金行政官属下的鲁德劳和赛历夫少校（Maj. G. Sheriff）亦几次以搜集花鸟标本为名，从西起不丹东至雅鲁藏布江大拐弯处作过调查。这些无非是为填补大片空白地区的地理情况的分工与合作。但他们是根据条约派驻江孜、亚东一线英商务代理处的官员，是得到西藏地方当局认可的旅行，而华金栋则不然。

根据他自己的记录，他在 1935 年 4 月下旬从印度的巴里巴拉边境分区（Balipara Frontier Tract）的恰图瓦（Charduar）村进入山区，5 月初在门隅南境遇到一名自称是色拉寺的格西意希多吉，是达旺寺派出来的头人。据说是这个头人准许他入境的。不过用华金栋的话说，意希多吉既没有发给他什么书面证明，他亦没有向意希多吉要求一个书面证明。[①] 这样他就从门隅北上，经过达布，顺雅鲁藏布江东下，一直到了工布、波密，直到六个月后的 10 月底，才回到印度的巴里巴拉。这事引起拉

---

① F. Kingdon Ward, “The Assam Himalaya: Travels in Balipara-II”, *JRCAS*, April 1939, Part II, pp. 309-312.

萨当局极度的愤慨，向英方提出责问。这就给了卡罗一个非常需要的理由来制造一个案件。

但华金栋不仅帮卡罗制造了一个案件，并于1938年再次闯入门隅南境，并在这年的英皇家《中亚细亚学报》上大放厥词，为他们的新危机论提出一套战略根据。这时，中国的抗日战争已进入第二个年头，南京沦陷，武汉、广州相继失守，华金栋在文内惊呼："一个'半独立状态的西藏'还能维持多久?"他提出了两种可能，一是战胜的日本在占领中国内地后，就没有多大困难直抵拉萨。另一可能是日军被阻于华中，一个以四川为基地的西部中国就会首先想到人口稀少的藏族地区，而最大的可能是中国庞大的军队复员时，将面临一个农村破产、洪水成灾、瘟疫横流、哀鸿遍野的局面，战争拖得愈长，军队的人数愈多，势必遇到的困难愈大。对印度而言，一条喜马拉雅山已起不了太大作用，唯有雅鲁藏布江以北的那大片高寒荒漠，仍不失为一重屏障。他认为雅鲁藏布江河谷只要出现一个稍微像样点的政权，就足以构成对印度的威胁。除非印度先用武力拒敌于雅鲁藏布江流域之外，印度迟早将面对一个潜在敌人从墙头窥探她的家园。至于门隅，如果成为西藏的地方，那就等于敌人已经进入了大门，等等。

就在这华金栋越境事件发生不久，我们又从英国皇家艺术学会的一次大会上听到了麦克马洪本人的声音。

自从西姆拉会议流产以来，麦克马洪似乎没有发表过什么重要言论。但这次他是以新任艺术学会理事会主席的身份，在1935年11月6日大会的就职演说中，谈到了这个问题。他讲的题目是"国际边界"。在一个艺术学会上讲“国际边界”，这本身就需要一点解释。他的解释主要有两点。第一，他选中这个题目是因为历届前任已就各方面谈得很多，但还没有谁就职时讲过这个题目。而边界问题却是他多年生活与之有关的一个问题。第二，他引用寇松爵士的话说，划界是一门艺术，而不是一门科学，这是可以塑造和锤炼出各种各样的模式和形制的一门艺术。

于是，他在指出边境和边界的区别、定界和标界的不同之后，叙述了他多年从事划界工作的经过，从划定印度和阿富汗分界的所谓“杜兰线”，到 1913 年作为英方全权代表参加的西姆拉会议。他特别指出这次会议是为了缔结“一个三方条约来解决英、中、藏三方政府关于西藏的分歧的。在上述分歧意见之中，就有关系到三方政府之间的边界问题”。接下去，他说，这就是指划定和口头规定“西藏和印度的边界，以及西藏和中国的边界”①。这段话应该是他全部演说的要点。

古普塔博士在提到这篇演讲时说，麦克马洪这话不老实，因为麦克马洪比谁都清楚他没有得到中国对西姆拉草约的同意。然而我认为更应当指出的是，这次会议就根本没有讨论过什么西藏和印度之间的边界。前引 1929 年版的《艾奇逊条约集》第十四卷（真本）就明明说是会上讨论“中藏边界”事宜。麦克马洪这篇不老实的讲话，既是为了配合卡罗一系列的幕后活动，也是为了 1938 年印的那本条约集第十四卷伪书定下了调子。

在制造案件并作舆论准备的同时，卡罗又向阿萨姆

① 见 JIR. Soc Arts, Vol. LXXXIV no. 4330, 1935, p. 13.

省政府和锡金行政官系统双方下手来发动一次联合行动。

本来要公开推翻《艾奇逊条约集》这样一部权威性的官方记录，不是一件容易的事，何况工作还得从阿萨姆省督和锡金行政官做起。事情很清楚，既然这段边界是在中国的西藏和印度的阿萨姆之间的一条“国际边界”，那就不可能说阿萨姆政府和锡金行政官都不知道，然而事实就这样奇怪，阿萨姆政府和锡金行政官不仅不知道，而且还有他们不同的看法。阿萨姆省政府不是印度外交部的下属，事情就比较难办。但锡金行政官及其所属系统，却归外交部领导，并负有印度对西藏事务的专职。锡金行政官除了统摄锡金一切事务之外，还兼管不丹的对外关系，不丹既与我国西藏为邻，又与印度的阿萨姆接壤。西姆拉会议时的贝尔，就是第二任锡金行政官。考虑到这些因素，实在叫人无法理解怎么这个锡金行政官也不知道已有这样一条“国际边界”。

当 1935 年发生华金栋越境交涉时，锡金行政官威廉逊（F. W. Willamson）正好和他的第二把手江孜商务代理佩第埃上尉（Capt. R. K. M. Battye）在访问拉萨。据卡罗自己证明，这位锡金行政官就不知道这条边界线，他还一直认为印度在东北边界是沿喜马拉雅山南麓地带，也就是阿萨姆省行政管辖所及的那条边界。至于不丹东部的边界，就是西藏门隅。所以在 1935 年 11 月 5 日，即麦克马洪在英国发表那篇“国际边界”的演讲的前一天，卡罗急忙发出一个电报到拉萨告诉威廉逊：“不丹东面印度和西藏的国际边界……是按 1914 年条约第 9 款经麦克马洪在地图上用红线划定，并经西藏政府接受的。”接下去卡罗联系到华金栋一案说道：“此线远在达旺以北，故不知西藏何以在达旺设置宗本，有批准进入西藏的权力。您是否确知华金栋实在到了，还只是藏人说他到了上述红线的西藏一侧，您是否有理由推断1914年所定协议，后来，实际上已有所改动，还是没有。重要的是您对1914年议定的国际边界的有效性不能向西藏政府作任何让步。"① 卡罗是知道威廉逊的观点的，所以唯恐他说话走火，而特别加重最后一句的语气，以堵其口。同时，卡罗又把同样的一份电报，发往阿萨姆政府，征求意见。然而在这电文往还的中间，威廉逊已在拉萨去世，交涉就落到他的第二把手佩第埃上尉的身上。佩第埃以江孜英商务代理兼锡金副行政官的身份接办了这个差使，似乎显得和卡罗十分默契。

据佩第埃从拉萨给印度外交部的电报，他已按照卡罗给威廉逊电报的意思，于11月14日到噶厦面谈华金栋越境事件，据"西藏政府称华金栋已远远越过红线……他们认为红线没有改动"②。

古普塔博士在书内指出，卡罗不仅在这里制造了一个案件，并且把所谓"红线"几乎变成首要问题，而"西藏人落入了圈套"。

这个所谓红线的提法，我认为需要解释一下。"红线""蓝线"本来是麦克马洪在西姆拉会议上用来标明他

---

① 古普塔书，第118页引 IOR, Pol. (External) Dept: Collection 36/File 29, Telegram no. 3028, 5 November 1935, from Foreign, New Delhi to Political Officer, Sikkim, Lhasa.

② 古普塔书，第118页引 IOR, Pol. (External) Dept: Collection 36/File 29, Telegram no. 5, 14 November 1935, from Trade Agent, Lhasa to Foreign, New Delhi.

提出在我国境以内划分“内藏”“外藏”以及同其余地方的分界的，蓝线为“内藏”和“外藏”的分界，红线为整个藏族地区和其余地方的分界。西姆拉草约第九款说：

现以本条约之故，所有西藏境界与内藏外藏分界，分别以红线和蓝线绘明于所附地图之中。……①

这里“西藏境界”一语的“西藏”直译英语约文中“the borders of Tibet”的“Tibet”，但英语 Tibet 一字含义极其模糊，既可指西藏地方，亦可指藏族居住地方，这是麦克马洪在玩弄手法。会议中陈贻范参加讨论的是我国境以内的“内藏”和“外藏”分界的蓝线，以及我国藏族地区和其余地方分界的红线，而麦克马洪和夏扎却背着陈贻范在会外秘密谈判了我国西藏地方和印度阿萨姆省的分界，另以一段红线秘密加了上去。但会议破裂，这段红线的秘密情节复杂，几乎“无人知晓”，自当另作研究，问题是古普塔博士这里说，卡罗借华金栋事件把这段红线一下提到首要地位，拉萨官员中了圈套，好像指拉萨也肯定了这段红线的有效性，恐怕未必。拉萨从来把红线视为西姆拉会议中陈贻范参加讨论的那条藏族地区和内地其余地方分界的红线，至于后来秘密延伸的那段红线问题，前者既然无效，后者亦就当然无效。反之，如果要使后者有效，那除非先使前者有效，拉萨明知道英国人已办不到了。也许正唯如此，才使这些边境官员难以启口几达二十年之久。我们无论从后来的锡

① 《西藏地方历史资料选辑》，第 304 页。

金行政官古德（Sir Basil Gould）到拉萨进行诱说的结果看，或是从拉萨历次公开表明的立场看，都充分证明拉萨当局从来不承认这段红线的有效性。

然而当时卡罗能得到“红线没有改动”这几个字就如获至宝，可以大做文章了。

他于 1935 年 11 月 28 日给佩第埃一封密函，除指出威廉逊有关不丹东部边界的意见不妥之外，用十分肯定的语句告诉佩第埃 1914 年 3 月 24 日及 25 日英藏双方代表“换文”的结果，地图上用红线标明的边界十分清楚地说明阿萨姆以北的整个达旺山区已包括在英属领土之内，成为印度的一部分。“这次偶因华金栋事件，西藏政府刚又重新肯定了这条红线，说它没有改动，所以看来西藏决不会对不丹以东的丘陵地区提出任何领土权的要求。”最后，他还把亨利·麦克马洪爵士的备忘录（即关于西姆拉会议的总结报告）等文件附上一份，以备“您处万一一时不易找到的话”①。

这两人的公函往来，表面上是因为在阿萨姆与不丹分界的问题上，威廉逊指出门隅地区属于西藏而引起，而实际是避免直接提出阿萨姆与西藏的分界问题而采取迂回的途径。佩第埃会意，立即附和卡罗对不丹和阿萨姆边界的看法，认为无须顾虑西藏提出领土要求的可能。他说：

我同意你，就西藏而言，似乎毫无顾虑之必要。威

① IOR, L/P&S/12, Coll 36/23, D. O. NO. D. 5300—X/35, 28 November 1935, from O. K. Caroe to R. K. M. Battye.

廉逊先生说唯恐牵涉西藏权利的话时，可能他心里想到的只是有关达旺寺既得利益的一些权利，这寺是拉萨附近的哲蚌寺的属寺。不过据我了解，实际上西藏人在那里既无村庄，亦无其他既得利益可言，所以那种可能性并不存在。

从 1914 年的条约和所附地图，可以清楚看到在这一带的印藏边境远在现在谈的地域之北，而且西藏政府在 1935 年 11 月 14 日谈到最近华金栋那出闹剧时亲自告诉我，“红线”没有任何的改动。①

卡罗于 1935 年 11 月 28 日密函佩第埃的同日，又把这信照录一份，连同所有附件咨送阿萨姆省秘书长，名为征询意见，实际是预先定调。他在信的开始说，兹将致送威廉逊继任之公函连同附件，一并寄奉查照，接着说：

关于 1914 年经亨利·麦克马洪爵士划定，并经西藏政府同意的印度和西藏之间的国际边界，似乎一直存在相当大的误解。印度政府希望知道阿萨姆政府认为函内所述阿萨姆部落区与西藏之间边境的情况，是否属实。②

这时候阿萨姆政府的秘书长正新旧交替，故此信即由继任人道逊（J. A. Dawson）于 12 月 7 日作复，照译如下：

---

① IOR, L/P&S/12, Coll 36/23, D. O. NO. 6 (3)—P/35, 13 December 1935, from R. K. M. Battye to O. K. Caroe.

② IOR, L/P&S/12, Coll 36/23, D. O. NO. 5300—x35, 28 November 1935, from O. K. Caroe to J. H. Huttonz.

亲爱的卡罗：

关于 1935 年 11 月 28 日编号 D. 5300—X/35 来函，兹奉命答复：阿萨姆政府认为您给佩第埃上尉密函中所说情况正确无误。省督阁下认为西藏对这一特指地区无任何权利可言。1935 年 9 月 30 日我处编号 P01，1887/7428—A. P. 公函系省督阁下回籍休假期间所拟，其中结尾部分，虽于西藏可能提出对该地区等有权一点，给予重视，惟省督作此顾虑，并无确实依据。近年以来，我等一贯视麦克马洪线为西藏边界，我等于 1914 年后西藏在该线以南地区有何直接行使权力情事，亦无所知。①

到此锡金行政官和阿萨姆政府两关，已经通过，卡罗为此究竟作了多少努力，不得而知。但有些话似乎不值一驳，例如华金栋越境潜入西藏，自称是在接近阿萨姆边境经西藏一名僧官面允的；又如门隅达旺寺归拉萨管辖，多少年来达旺寺的权力一直达到门隅南部的山脚和阿萨姆平原接境的地方，好几个英国人都到过达旺，像华金栋就可以证明，阿萨姆政府岂能一无所知？这些暂且不谈，下面只指出两点，都是古普塔博士已经提出的，我认为值得再补充几句。

一、从上面的公函和有关的英印政府文件看，每提到从不丹向东到中、印、缅三国碰头处的这段中印边界时，使用的名称有“国际边界”“印度东北边界”“印藏

① IOR, L/P&S/12, Coll 36/23, D. O. NO. Pol. 1887/9/85A. P., 7 December 1935, J. A. Dawson to O. K. Caroe.

边界”“实际边界”“红线”等等，还从未出现过“麦克马洪线”这个名词。到这次1935年12月7日阿萨姆政府答复卡罗的公函中，才首次出现。尽管信里说，他们近年以来一贯视“麦克马洪线”为西藏边界，但直到1959年，曾于30年代末代理阿萨姆省督的亨利·特维楠爵士（Sir Henry Twynam）还在泰晤士报公开说：“……这条企图拿喜马拉雅山主脊定为边界的麦克马洪线是并不存在，而且从来没有存在过的。”[①]

二、更有意思的是，仔细查对一下文件日期，又看出上面道逊的话和后来卡罗的话存在很大的矛盾。

下文就要提到卡罗给伦敦印度事务部一封密函说，据他查阅档案，西姆拉会议流产后，这条“印藏边界”虽通知了缅甸政府，但是阿萨姆政府显然被遗忘了，“而且好像至今还不知道”。卡罗是在1936年4月9日写这封信的，而阿萨姆政府秘书长道逊在前一年12月7日已经告诉他：近年以来，我们一贯视麦克马洪线为西藏边界了，究竟是外交部记对了呢？还是省政府记对了呢？事情就是这样！

上节提到的1936年4月9日卡罗给印度事务部瓦尔顿（J. C. Walton）的一封密函，是他首次向伦敦透露真情并提出如何挽救的一次试探。

因为这信的部分内容已有人引用，尤其卡罗自称他如何在无意中发掘出这段被遗忘的东北边界的经过，已为很多人所接受，本文唯有广引原文，细加评述，以说

① 见1959年9月2日伦敦《泰晤士报》亨利·特维楠爵士致编辑部函。

明自己的看法。

这信一开始就说从不丹东境到中、印、缅三国碰头处（即卡罗所称伊洛瓦底江和萨尔温江分水岭）为止的所谓“印藏边界”业经1914年西姆拉条约第九款明确规定。这是对《艾奇逊条约集》第十四卷（真本）明言1914年西姆拉会议已经“流产”这一根本立场的全面否定，也是对1935年11月麦克马洪那篇演说词的响应。卡罗公然说这段边界业经1914年西姆拉草约第九款明确规定，试问这份草约的第九款有哪句提到“印藏边界”的话呢？

信内后面的文字，照译如下：

> 兹经查阅截至印度政府1925年9月24日第197—X号公函为止的往来公文说明，就在这年作出决定不公开根据1914年条约制定的1914年英藏通商章程。同样，1914年条约本文及麦克马洪和西藏政府的边界附约（即通信内所称的换文）亦一直未予公开。所有这些文件一概未见于《艾奇逊条约集》第十二卷和第十四卷。

按：函内所提条约集第十二卷有关印度阿萨姆，第十四卷有关我国西藏，大概卡罗已注意到在这问题上第十二卷亦有漏洞，所以在此一并提出。

函内前一句明白指出1925年决定不公开的只是“1914年英藏通商章程”，但在后一句，卡罗却将所谓“麦克马洪和西藏政府的边界附约”悄悄塞了进来。再查前文引用1928年5月22日印度政府向伦敦印度事务部解释1925年决定不公开西姆拉会议的“秘密历史”亦只提出一个所谓英藏声明和一个1914年的英藏通商章程，但没有“边界”的“换文”或“附约”，而现在糊里糊涂塞进一个边界附约，支吾其词，是否有点蒙上欺下的嫌疑？下文说：经过查阅档案，截至1915年4月的公文说明：

> 这一边界的部位虽经告知缅甸政府，但是阿萨姆政府则显被遗漏，而且似乎至今迄未通知。由于这样克制的结果，1935年由于一个次要事件引起对这地区印度边界的位置问题进行考虑时，方始发觉阿萨姆政府与锡金行政官都对这边界部位一无所知。威廉逊本人且认为阿萨姆段的国际边界系沿山脚的走向，与阿萨姆省行政管辖区的边界是一回事。在我们的档案中，东北边界一般都不占显要地位，这次是经过好大困难，我们几乎偶然的发掘出这真实的部位的。可是另一方面，我们却通过华金栋案件无意间知道原来麦克马洪线是这地区内这一划定的边界名称，西藏政府就很清楚，并且至今仍然完全接受。①

这段话相当精彩，需要稍加分析。

首先，卡罗前一句说，经他进一步查阅档案，这条边界的部位虽经告知缅甸政府，但一直忘了告知阿萨姆政府，但下一句说到1935年发生华金栋事件后，方始发觉阿萨姆政府与锡金行政官都一无所知。试问锡金行政

① IOR, L/P&S/12, Coll 36/23, Confidential Letter, Caroe to Walton, 9 April 1936.

官怎么也不知道？如果说，真有一条已经划定的边界，据说是长达500英里，宽达100英里，前者是阿萨姆省政府，在自己眼皮底下发生这么一件大事，竟一无所知？后者，锡金行政官是负责对付西藏事务的边境长官，到1935年还认为“阿萨姆段的国际边界是沿山脚走向，与阿萨姆行政管辖区的边界是一回事”。这已够荒唐的了，现在卡罗还忘了告诉伦敦何以印度政府外交部也不知道，而是因为一件小事，“经过好大困难”才“几乎偶然地发掘”出来的。这不成了更大的笑话了吗？

其次，他在这里把刚从道逊信内捡来的“麦克马洪线”这一名称等等，说是“西藏政府就很清楚，并且至今仍然完全接受”究竟有多少可信性。前面已经说了，特别是西藏地方当局1945年4月18日（藏历阴木鸡年3月7日）给英国驻拉萨代表的一封信，要求英方立即从门隅南端到察隅瓦弄的地方完全退出，以免破坏双方关系，被认为带有哀的美敦书（编者注：哀的美敦书即ultimatcem，“最后通牒”）的口气，就足以说明问题了。顺便指出一下，西藏地方这封公函内用的一直是“红线”这个名词，而非其他。①

接下去，卡罗提出具体的建议说：

政府官员中能知道东北边境的国际情况的，无论如何只能是为数极少的人。据我们看，如果再迟迟不发表我们同西藏的协议，的确存在这类重大事件发生危险的

① IOR, L/P&S/12, Coll 36/23, Telegram XX, dated 24 May 1945, from Gould to Foreign, New Delhi.

可能。在西藏问题上我们似乎确实面临一个新的危机，但即使如此，印度政府认为在它公开的档案中如能掺入几卷1914年条约，亨利·麦克马洪爵士与西藏政府关于边界的换文，和通商章程，是会有利的。像《艾奇逊条约集》这样的出版物上都没有载，如果一朝让中国政府知道时，势必会被他们用来作为印藏之间并无已经批准的协议的根据，还有需要再次确定我们和西藏这段边界协议的理由是，新宪法要求对东北的部落地区必须作出规定，我们的建议应由阿萨姆省督加以政治管辖，再有，对这边界的一部分负有责任的缅甸行将分治。

因此我们深深感到事不宜迟，应将1914年英藏条约本文及根据该约所订的边界换文和通商章程一并插入《艾奇逊条约集》。我们还认为应立即采取步骤在印度测绘局的地图上画明这条边界。由于没有这样做，已使阿萨姆段的印藏边界（如《泰晤士报地图集》）画在山脚地带，以符阿萨姆省的边界。现在先以半官方式公函提出意见，外交部如认为需要，当可另行电陈。此信并未另送北京。①

这段文字也有几处值得推敲。卡罗说，印度官员中能知道印度东北边境国际真相的毕竟只是少数人，但现在是连锡金行政官、阿萨姆省政府、印度政府外交部都不知道，那么这少数人到底是谁呢？

至于1929年出版的《艾奇逊条约集》第十四卷（真

① IOR, L/P&S/12, Coll 36/23, Caroe to Walton(Confidential), dated 9 April 1936.

本）不载西姆拉草约等等，是因为会议流产，条约无效。这书已发行六七年了，还有什么“一朝让中国政府知道”的问题？中国政府早已声明对印藏之间的任何协议，概不承认，还有什么“批准的协议”问题？谈到这里，使人想起近年以来，国外有些竭力为西姆拉会议和卡罗所称“亨利·麦克马洪爵士与西藏政府关于边界的换文”进行辩护的人，曾提出个怪问题来。他们说：当时中国北洋政府坚持反对的是那条划分“内藏”和“外藏”的分界线，但从来没有反对西藏和印度东北境的分界线！真是奇谈！试问“西姆拉会议根本没有讨论过的，连印度外交部、阿萨姆省政府、锡金行政官都不知道的事”，中国政府亦不知道，你觉得奇怪吗？

还有一点是，卡罗亦未必不明了想对一卷条约集进行偷梁换柱而又不让人知道，是根本办不到的。所以他提出的是“如能掺入几卷1914年条约……关于边界的换文和通商章程，是会有利的”。如果我理解得不错的话，他似乎是想掺进几本伪书，以伪乱真的意思。不过原文含糊，不知我看对了没有。

据说，为了解决这个难题，伦敦印度事务部和外交部经过了一段时间的磋商。我们有理由相信，英国政府内部对这方面的意见是不很一致的，特别是外交部从更广泛的英国在华利益考虑，对西姆拉会议的某些秘密，对卡罗的建议，都有抵触。然而在中日战争风云日紧的1936年，似乎态度都随之软化了。

根据档案，英国外交部在1936年7月9日函咨印度事务部，同意印度政府的建议，在《艾奇逊条约集》中公布“1914年西姆拉条约，按照该约第7款订定的印藏通商章程，和1914年3月亨利·麦克马洪爵士和西藏全权代表签订的边境协议，并照最后提到的协议的规定在印度测绘局出版的地图上画明这一印藏边界”①。

7月16日，瓦尔顿在心中有数之后，函复卡罗，主要有以下三点。一、他们还不清楚印度政府是否有计划将重印《艾奇逊条约集》第十四卷？如果按正常程序等到下次重印这卷条约集时再公布这些协议，是否可行？不过无论如何，印度测绘局的地图可立即画明这边界的画法。二、公开发表这些协议时，最好是避免不必要的宣扬，不要引起报刊或新闻界的注意。三、“英藏全权代表”1914年7月3日承认“西姆拉条约”对双方具有约束力的声明，应以不发表原文为宜，可改用注的方式说明之。②

虽然作了某些保留，然而原则上都同意了。这封信后来由印度政府外交部长奥勃莱·梅卡夫爵士（Sir Aubrey Metcalfe）8月17日作复。复信对瓦尔顿函内二、三两点表示同意，并说已立即采取步骤改画地图的边界。但关于是否能等到下次条约集再版时公布“1914年条约”及有关文件一层，复信说在一般情况下这书要等“十五至二十年后才出再版”。所以看来必须尽可能快地进行单独出这一卷的“修改版”并建议即照此办理。③

① IOR, L/P&S/12, Coll 36/23, Foreign Office to the Under-Secretry of State, India Office, 9 July 1936, No. F34581.

② 古普塔书，页122—123引IOR, Pol. (External) Dept: Collection 36/File 23, No P. Z. 4911/36.

③ 古普塔书，页123引IOR, Pol. (External) Dept: Collection 36/File 23, No. 6154/1936.

古普塔博士说，新德里提出将以毫不声张的方式出一新版，印度事务部是否理会，这话实际上几乎等于伪造外交文件的意思，他对此还不清楚，不过他说，无论如何伦敦有人认为印度政府这次“不动声色”的做法，还是“相当满意”的。

1938年8月，伪书印就，印度政府外交部把它称为“《艾奇逊条约集》第十四卷修正版”寄给印度事务部62册，以替换原来的真本，并提出将原来真本加以销毁。[①]销毁原书，是很难办到的。别的不提，在伦敦的印度事务部图书档案馆内，古普塔博士于1969年到1970年间就亲自见到一册，所以他认为可能还有收藏在其他大学和私人图书馆内，而无法追回销毁的真本存在。本文作者同意他的看法，不过他在伦敦看到的那册，恐怕也不见了。然而大家知道由著名的德国“Kraus”出版社出版的复制本，都是根据真本复制的。为了全面彻底推翻原案，除了掺入条约集伪书之外，还要采取其他步骤，最重要的当然是改画地图。大家知道，包括印度政府所属印度测绘局出版的地图在内，这段中印边界的画法从来都是沿布拉马普特拉河北岸的喜马拉雅山山脚地带，与印度阿萨姆省的行政管辖区边界是一致的。英国官方地图如：英国印度事务部地图、英国国防部地图、英国皇家地理学会地图，以及非官方但具有权威性的泰晤士报社出版的地图，英国百科全书（1929年版）地图，等等，都是这样画法的。所以就英国而言，这个改动就得从印度测

---

① IOR, L/P&S/12, Coll 36/23, Letter from External Dept, Government of India to Political Dept, India Office, dated August 1938（日期字迹模糊）。

绘局出版的地图开始，而后通过不同渠道通知各有关方面和出版商照改，步法势必极不一致。即以印度的官方地图言，1938年以前印度测绘局出版的地图上印度的东北边界即沿喜马拉雅山南麓，与中国地图的画法大致相符。直到印度独立后1950年出版的印度共和国政治分区图，才画上这条非法的边界线，但注有“边界未经标界”的说明，到1954年出版的印度政治地图才首次把它作为划定的边界出现在印度地图上。这方面的情况已有很多人指出，这里就不谈了。

上面我已将1929年版《艾奇逊条约集》第十四卷何以出现两种不同版本的经过，放到一段特定的历史视程内加以分析，以期将事实还原到它的本来面目。我认为这是增进中印两国互相理解所必不可少的一个条件。

根据同一信念，再想将几点个人看法写在后面，作为本文的结束。

一、1938年印出但冒充是1929年出版的条约集第十四卷伪书，对1913—1914年西姆拉会议的事实进行了全面的篡改，想把二十余年来一直不敢暴露的“秘密”文件加以公开，以期取得一个貌似合法的地位。这一做法不仅涂改了历史的本来面目，并为后人设置了无法估量的隐患。这是由于某些作俑者对历史发展作了错误的估计。首先是他们错误地认为西姆拉会议纵然破裂，然而中国也许会出现一个比袁世凯还不如的人来陷入他们的圈套；其次他们又错误地认为在日本帝国主义侵略者的铁蹄之前，一个独立和完整的中国国家将不复存在，只是一个时间问题，他们可以便宜行事了。然而他们对这两点都没有看对。

二、西姆拉会议的非法活动并不只限于一段中国和印度的边界，然而《艾奇逊条约集》第十四卷这册伪书却主要是为了这段边界。1925年印度政府向伦敦提出以不暴露会议的“秘密历史”为上策，并没有提这段边界，但1936年提出公开秘密文件时，这段边界却成了中心内容，这道理很值得思索。有人想不通，提出问题说，为什么过去一直不想公开，而到1936年前后又想公开了呢？我想前面说的理由，应当足以答复了。还有人问：即使1914年袁世凯政府正式签订了西姆拉草约，但一方面该草约换文规定，英国“承认西藏为中国领土之一部分”，英国政府保证“不兼并西藏境内任何部分”①，但另一方面英国却把中国西藏的一大片地方据为己有，自相矛盾，试问又将何以自圆其说呢？当然我们无法替麦克马洪等答复这个问题，然而有一点从上文可以看清：就是麦克马洪等最初的如意算盘是把这段边界作为他们和夏扎双方的一笔私下交易，绝对保密，根本不打算公开的。但没有想到北京、拉萨都没有通过，所以不得不落得一个出伪书的下策。这大概就是这些边境官员弄巧成拙的一个例子。

三、像这样一个篡改条约集的问题，要在印度政府和英国本国政府内都疏通关节，恐怕决非卡罗一人之力所能办到的。当然，即以他一人之力所能及的而言，也远不止上面提到的那些。例如印度政府于1938年派赖特福上尉（Captain Lightfoot）率兵到门达旺建立一个据点，但是不久撤退了。然而这条并不存在的边界线，一经卡

① 《西藏地方历史资料选辑》第303、305页。

罗“发现”似乎从“无”到“有”，他确乎花了不少气力，以致有人建议应当把这命名为“麦克马洪—卡罗线”或“卡罗—麦克马洪线”才对。令人不解的是，为了达到这个目的，卡罗在各种场合对中国进行的口诛笔伐，可谓不遗余力。

例如：大家知道，西姆拉会议时，陈贻范在草约文本上作过草签，但没有正式签字。卡罗说陈贻范签的是英文全名，而不是用姓名首字母的缩写，所以是正式签字而非草签，大概他是利用英语中“草签”与“缩写”都是“initial”故意作文字游戏。有人已经指出，签订条约须经草签、签约和批准三个不同阶段，这是外交常识，而况陈贻范草签前就曾声明他不是正式签约。更有意思的是，陈贻范在一幅地图上也用英文全名作了草签，卡罗更是抓住不放，他说陈贻范既用英文全名，证明他懂欧洲文字，连想推托他只懂汉文都办不到了①，读后令人叫绝。据查，西姆拉会议时，陈贻范是中国驻英公使馆参赞，卡罗身居要职，应当看过档案，难道陈贻范懂英语也成了他又一“发现”？其他如说西姆拉会议是在中国“孙逸仙朝代”刚开始不久举行的，卡罗应当知道会议是在袁世凯当政时举行的，至于称“孙逸仙朝代”，这只能暴露他有某种不平衡的心态。但最有意思的是：1934 年 4 月上海《申报》出版了一部权威性的中国地图集，将中国西康和印度阿萨姆的边界画在沿喜马拉雅山南麓地带。卡罗建议英政府外交部应向中国提出抗议，并指控

① Sir Olaf Caroe, “1963 Sino-Indian Question”, *Royal Central Asian Journal*, Vol. L, July/October, 1963, Parts Ⅲ&Ⅳ.

《申报》地图这一画法是绘图术上的“侵权”行为，据说，还是伦敦外交部和印度事务部忙提醒他，英国地图，包括印度事务部表列的印度地图也都是这样画的，方始平息了他的愤怒。

四、现在我们每谈到西姆拉会议，就容易联想到这段边界问题。然而这些毕竟都是属于过去遗留下来的问题。

印度于1947年独立，中国（大陆）于1949年解放，不幸的是几乎与此同时，这两个拥有古老文明的邻邦即被卷入一场资本主义和社会主义的对峙之中。1954年4月29日，中、印两国签订《关于中国西藏地方和印度之间的通商和交通协定》及换文，倡议和平共处的五项原则，无疑标志着两国关系一个新的开端。不料西姆拉会议遗下的这一中印边界东段问题，竟引起一场严重冲突，双方付出很大代价，这册伪书无疑在其中起了极其恶劣的影响。当时隔岸观火指手画脚者有之，幸灾乐祸谩骂嘲讽者有之，跃跃欲试准备从中渔利者有之，其中有些应当是知情人，竟亦摆出满面正义，故作违心之论，唯恐天下不乱。然而最使他们痛心的是，历史毕竟没有朝着他们企望的方向前进，证明中、印两国人民根据和平共处五项原则的精神，是完全可以解决自己的问题的。

我写本文不是想提出现成的解决方案。我只从一个信念出发，中印边界是两国根据和平共处五项原则和互谅互让的精神能够圆满解决的问题，但解决之道应该从辨明事实开始，因为唯有事实才是解决问题的根据。

原载《中国藏学》1990年第1期

藏学 大家小书

帝师八思巴传	陈庆英 著
汉藏文化考述	王尧 著
藏传佛教丛谈	王尧 著
川康牧区行(汉、藏文)	[意]南卡诺布 著　陈践 译
敦煌古藏文语词汇释	陈践 著
藏传佛教面面观	吴均 著
西藏的寺与僧(1940 年代)	柳陞祺 著
拉萨旧事	柳陞祺 著
民国川边游踪之《泸定考察记》	任乃强 著
民国川边游踪之《天芦宝札记》	任乃强 著
民国川边游踪之《西康札记》	任乃强 著

图书在版编目(CIP)数据

拉萨旧事：1944－1949/柳陞祺著．－－3版．北京：中国藏学出版社，2024.8．－－ISBN 978－7－5211－0520－9

Ⅰ．K297.51

中国国家版本馆CIP数据核字第2024N1S041号

拉萨旧事（1944—1949） 柳陞祺 著

选题策划 季垣垣 文群
责任编辑 永红 董天歌
封面设计 翟跃飞
出版发行 中国藏学出版社
印　　刷 北京隆昌伟业印刷有限公司
版　　次 2024年8月第3版第1次印刷
开　　本 850×1168毫米 1/32
印　　张 7.5
印　　数 3000册
字　　数 167千字
书　　号 ISBN 978－7－5211－0520－9
定　　价 70.00元

图书若有印装质量问题，请与本社发行部联系
E-mail：dfhw64892902@126.com　　电话：010－64892902